KB091521

누가 봐도 뽑고 싶은

이공계 자소서

SD에듀
(주)시대고시기획

01. 공학수학은 너무 쉬운데…
자소설로 고통받는 '공대생'

많은 공대생과 취업상담을 하다 보면 '자소설'에 대한 고통을 느낄 수 있다. 작성법 외에 경험 선정, 역량 이해 등 여러 면에서 고충을 이야기하는데 실상은 자기가 지금까지 걸어온 경험에 자신이 없는 경우가 많다. 특히, 합격 자소서에 작성된 경험과 자신의 경험을 비교하며 자괴감에 빠진 경우를 여럿 볼 수 있었다. 이는 자격증이 없거나 학교 수업만 성실하게 참여한 공대생에게 특히 더 두드러진다.

한국의 공채 시스템을 살펴보면 자기소개서로 자신을 보이기는 쉽지 않다. 4년간 대학교에서 배운 지식과 기술은 취업시장에서 요구하는 역량과는 거리가 멀고, 그동안 쌓아온 역량을 정량적 수치로 객관화시키기에는 명확한 기준을 찾기 힘들다. 최근에는 NCS(국가직무능력표준)로 이를 대체하려는 노력이 있어 공대생들은 자신이 원하는 직무에 필요한 역량과 그 능력 단위를 문과생보다는 좀 더 쉽게 접근할 수 있다.

따라서 공대생은 조금만 자기소개서를 잘 작성하면 다른 지원자들보다 눈에 띌 수 있다. 대기업, 중견기업, 강소기업 등 공대생에게는 문과생보다 더 많은 기업과 직무가 있는 만큼 직무에 대한 높은 관심, 나를 돋보이고 싶은 열정만 갖추면 얼마든지 기회를 얻을 수 있다. 물론 쉽지는 않다. 자기소개서 하나로 취업을 한 구직자는 100명 중에 5~6명으로 평균 7% 미만이라 볼 수 있다. 하지만, 그들을 살펴보면 다른 취업준비생이 원하는 남다른 경험이 있거나, 특별한 경력을 가지고 있지는 않다.

특히, 공대생의 경우에는 아무리 자기소개서를 잘 작성해도 자격증 및 학점이 높은 공대생을 이기기란 쉽지 않다. 하지만 평균 범위에 있는 취업준비생보다 높은 서류 합격률은 보장된다. 아래의 표준 편차를 살펴보면 취업 준비의 현실을 이해할 수 있다. 자기소개서를 제대로 작성하지 않아도 합격이 가능한 Stanines(등급)을 가진 이는 4% 미만이다.

정상분포곡선

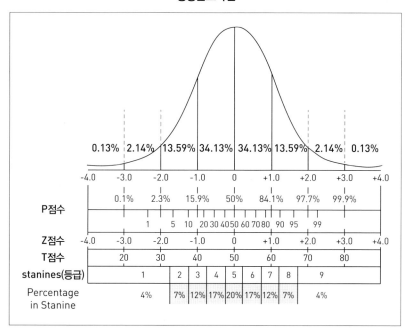

그런데 많은 공대생이 '시간이 부족하다', '힘들다'는 이유로 충분히 고민하지 않고 자소서를 쓰는 '편한 길'을 선택한다. 자신보다 뛰어난 사람은 많이 없을 거라고 생각하겠지만 한국에는 생각보다 뛰어난 이들이 많다.

보통의 공대생은 3~6등급에 머물러 있다고 보면 된다. 그렇다고 그들이 부족한 스펙을 가지고 있는 것이 아니다. 학점, 어학 점수, 자격증, 전공 등 한두 가지 부족한 경우는 자기소개서로 충분히 뒤집을 수 있다.

따라서 이 책이 공대생에게 희망이 되기 바란다. 2021년 6월 기준 청년층 체감실업률은 26.8%로 '역대 최고'를 경신했다. 통계청에 따르면 청년층(15~29세) 실업률은 10.7%로 같은 달 기준 IMF(외환위기) 직후인 1999년 이후 최고치를 기록했다. 실제로 청년층이 체감하는 실업률은 훨씬 높을 것이다. 현재 실업자에 아르바이트 등의 기회를 엿보는 '시간 관련 추가취업가능자'와 잠재경제활동인구(공기업, 공무원 등 시험 준비)까지 포함한 확장실업률(고용보조지표3)은 26.8%에 이른다.

청년층 체감실업률

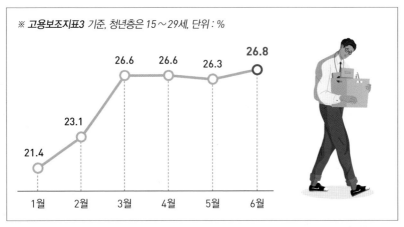

※ **고용보조지표3** 기준, 청년층은 15~29세, 단위 : %

21.4 23.1 26.6 26.6 26.3 26.8

1월 2월 3월 4월 5월 6월

* 자료 : 통계청

그만큼 역대급으로 취업이 힘든 시기이다. 이 글을 읽는 모든 공대생이라면 자기소개서로 남들보다 차별성을 가질 수 있다. 하지만 무조건 완독한다고 자기소개서 작성 실력이 늘지는 않는다. 읽었다면 꼭 실천으로 옮겨 작성하고, 연습하면서 자신의 것으로 만들어야 한다. 그렇다면 어느 날 내가 바라던 '합격 자기소개서'를 쓰고 있는 자기 자신을 만나게 될 것이다.

02. 자기소개서는 스펙보다 중요할까

이제 막 취업전선에 뛰어든 대부분의 새내기 취준생들은 자기소개서를 쓰는 데 많은 어려움을 겪는다. 특히 장문의 글을 쓰는 것에 익숙하지 않은 이공계 취준생들이 겪는 어려움은 인문계 취준생들보다 한층 더 심하다. 처음에는 한 편의 자기소개서를 완성하는 데 짧게는 2~3시간에서 길게는 하루 종일 걸리는 것이 일반적이며, '어떤 역량을 보여줘야 할지', '그 역량을 어떤 방식으로 강조해야 할지', '소제목은 꼭 써야 하는 건지' 등등 여러모로 고민하게 된다. 그렇게 힘겨운 과정 끝에 자기소개서를 완성해서 서류를 제출했지만 상당히 많은 기업에 광탈하고, 그때쯤 자괴감과 함께 고민을 시작하게 된다.

'내가 과연 자기소개서를 제대로 쓰고 있는 건가?'

심지어는 '내가 이렇게 긴 시간과 정성을 들여서 쓰고 있는 자기소개서들을 인사팀이 읽어주긴 하는 걸까?'와 같은 고민까지 하게 된다.

한편 취업준비를 한두 시즌 경험한 지원자들 역시 새로운 고민을 하고 있을 것이다. 그간의 서류전형 과정에서 좋은 합격률을 보이지 못하고 있다면 계속 자기소개서를 수정하면서도, 내가 자기소개서를 제대로 쓰고 있는지 자문을 거듭하고 있을 것이다. 실제로 필자가 취업 컨설턴트로 일하면서 가장 많이 듣는 질문들은 아래와 같았다.

"정말 자기소개서 중요하긴 한가요?"
"서류 전형에서 정말 자기소개서를 다 읽나요?"

"자기소개서가 정말 스펙보다 중요한가요?"

"스펙으로 그냥 줄 세워서 걸러내는 것 아닌가요?"

사실 이에 대한 답은 취업조로도, 취업지킴이도, 그 누구도 명확히 말하기 힘들다. 결국은 케이스 바이 케이스, 회사 바이 회사, 사람 바이 사람이기 때문이다. 그 누구도 속단할 수 없는 일이지만, 이것만은 말씀드릴 수 있다.

필자는 자기소개서가 취업에서 차지하는 비중이 엄청나게 크다고는 생각하지 않는다. 물론 이 책에서 취업조로와 취업지킴이가 여러분께 소개할, 자기소개서를 준비하는 과정에서의 직무 공부와 그에 따른 직무에 맞춘 가치관 성립, 그리고 그것을 통해 면접 준비까지 이어지는 일련의 과정은 취업에서 매우 중요하다.

하지만 단순히 '자기소개서'로만 봤을 때, 필자는 아래 네 가지 측면 때문에, 자기소개서가 일정 수준 이상만 넘어서면 더 이상 시간을 투자할 필요가 없다고 보고 있다. 여러 명에게 첨삭도 받고, 많은 기업에 제출해봤고, 앞으로 이 책에서 설명하는 대로 직무에 맞춰 역량과 성격도 잘 넣었다. 그리하여 어느 정도 높은 수준에 올라섰다고 느끼게 된다면, 그냥 '어이쿠, 손이 미끄러졌네.' 하면서 미련을 버리고 고민 없이 지원해버렸으면 한다. 그래야만 하는 이유, 고민 없는 지원을 권장하는 이유에 대해서 하나씩 가볍게 말해보겠다.

1. 오랜 기간 동안 자기소개서에 대한 신뢰도가 많이 저하되었다

우리나라의 대졸 공개채용 제도가 1960~70년대부터 서서히 자리매김하면서, 자기소개서 체제가 정립되어 쓰이기 시작한 지 벌써 수십 년째다. 물론 자기소개서 질문 등에도 최신 트렌드가 반영되는 등의 변화는 꾸준히 있었지만, 기본적으로 자기소개서는 서면이기 때문에 충분히 누군가가 대필할 수도 있는데다, 이미 전반적으로 수준이 크게 상향평준화되어 자기소개서만으로 사람을 판단하기는 쉽지 않아졌다. 특히 우리 같은 취업 컨설턴트들의 첨삭뿐만 아니라, 탈잉, 크몽, 잇다, 코멘트 같은 플랫폼 등에서도 수많은 전문가 및 현직자들이 취준생을 대상으로 자소서 첨삭을 진행하고 있다.

인사팀 입장에서도 이러한 상황을 충분히 인지한 지 오래기에 이제 기본적인 자기소개서 질문에서 벗어나 회사의 사업에 대한 발전방향을 묻거나, 직접 매장에 방문해보고 경쟁사 대비 장단점을 서술하라는 등의 어려운 질문도 많아지고 있다. 또한 기존 합격자소서 등을 도용한 사례를 잡아내기 위해 외주업체나 프로그램으로 표절률을 확인하는 등 다방면으로 노력을 기울이고 있다.

하지만 그렇게 여러 방안을 고안해내는 상황 자체가 자기소개서의 신뢰성이 크게 저하되었다는 반증이나 다름없다. 이제는 아주 잘 쓴 자기소개서를 봐도 감동받는 것이 아니라 대필이나 첨삭을 의심할 수밖에 없는 상황이 되어버렸다.

이렇다보니 여러 가지 공부와 첨삭을 통해 자기소개서 글을 아주 훌륭하게 서술했다고 하더라도, 이전처럼 드라마틱한 합격률 상승을 마주하기란 힘들다.

하지만 반대로 생각해보면, 앞서 말했듯이 전체적으로 자기소개서의 상향평준화가 진행된 상태이기 때문에, 기본적인 수준 이상은 무조건 만들어놔야 한다. 수준이 너무 떨어지면 서류 전형도 서류 전형이지만, 면접장에 가서 휘황찬란하게 털리고 나올 수 있다.

2. 일단 인사팀에게 들어오는 서류의 수가 너무 많다

밥을 먹다가 실수로 소금통을 쏟았다고 가정해보자. 그 바닥에 떨어진 소금알 개수만큼 서류 지원이 들어온다고 해도 과언이 아니다.

P그룹의 한 계열사는 2020년 하반기 지원자 수가 약 6천 명이었으며, 최종 30명 정도 합격하였다. 이 회사의 인사팀원은 팀장을 제외하고(팀장은 서류 검토를 하지 않는다) 5명이었으며, 1인당 서류 검토량은 약 1,200개였다.

S그룹의 IT 계열사는 2020년 하반기에 총 8천 명이 지원했다. 최종 합격자 수는 약 50명이며, 이 회사의 채용 담당 팀원은 4명으로 1인당 2,000개 정도의 지원서를 검토해야 했다.

그룹 공채를 시행하지 않고 계열사들이 각자도생을 하고 있는 L그룹의 화학 계열사의 경우, 2021년 상반기에 무려 3만 명이 넘게 지원했다. 최종 합격자 수는 80여명, 채용 담당 팀원들뿐만 아니라 현업부서에서 자기소개서 검토를 지원하며 인당 평균 2,000개가 넘는 자기소개서를 검토했다고 한다.

그래도 앞선 세 회사는 대기업이니 상대적으로 상황이 낫다. 일반적으로 채용팀이 있는 회사나 공채를 제대로 진행하는 대기업이 아닐 경우에는 인사팀은 채용에만 매달릴 수 없는 상황이다. 각자 업무도 어느 정도 있기 때문에 업무를 마치고 나서 나머지 시간에 틈틈이 서류를 검토해야 한다. 그리고 채용 과정에서 인적성, AI면접, 면접 대상자 등을 선정하기 위해서는 팀장 보고, 그룹장이나 본부장(상무급) 보고 같은 보고 라인을 거쳐야 하기 때문에 실제 서류 검토 시간은 고작 4~5일 남짓이 전부이다.

1,000개도 넘는 자소서를, 자기 본연의 업무를 보며 짬짬이, 제한된 일정 안에 추려내려면 전부 읽는다고 가정했을 때 길어야 하나당 1~2분 컷이다.

그 상황에서 과연 자소서를 제대로 읽을 수 있을까? 물론, 모두 다 읽는다고 선언하고, 실제로 전부 읽는 기업도 있긴 하다. 하지만 정말 그 회사도 모든 인원의 자소서를 전부 읽을까? 상상에 맡기겠다. 차라리 자기소개서를 외주 맡겨서 걸러오게 하는 회사가 더 현실적이다. 실제로 자기소개서 검토를 외주에 맡기는 회사도 많이 있다.

3. 인사팀도 사람이다. 그리고 어떤 이가 내 자소서를 검토할지 모른다

이 세상엔 정말 많은 회사가 있고 그 안에 서류 검토하는 인사팀이나 면접 보는 면접관들, 임원들이 전부 각기 다른 생각을 가지고 있기 때문에, 어떤 사람에게는 좋은 자소서가 어떤 사람에게는 별로일 수도 있으며, 마찬가지로 어떤 사람에겐 좋다고 생각되는 스펙이 어떤 사람에겐 무시당하는 스펙일 수도 있다.

그리고 정말 너무 많은 서류가 접수되기 때문에, 사람이라면 어쩔 수 없이 필터링을 하게 될 수도 있다. 필터링이란 개념이 '본다, 안 본다.'를 넘어서서, '어떤 것을 먼저 본다.', 또는 '어떤 것에 가중치를 놓고 본다.'도 전부 필터링이다. 학벌, 학점, 영어점수, 인턴경험 등 인사팀원마다 각각 다른 필터링을 적용할 것이다. 각자의 기준에 따라 어떤 자기소개서를 먼저 보기도 하고, 아예 안 보기도 한다.

즉, 서류는 운의 영역이 너무 크다는 말이다.

자소서 이전에 스펙에서 걸러지는 경우도 허다하고, 그 스펙에서 걸러지는 것조차, 인사팀 누군가의 손에 들어갔느냐에 따라 떨어질 수도 있고 붙을 수도 있게 되는 것이 취업의 현실이다.

서류뿐만 아니라 면접에서도 이러한 현상이 나타난다. 그러므로 채용 과정에서의 상당히 많은 부분이 운이고, 우리는 그 운을 극대화시킬 수 있는 선택을 해야 한다. 그 선택이 바로, **자기소개서를 최대한 많이 써서 다양한 회사에 제출하는, 속칭 '양치기' 전법**이다.

4. 인사정책을 결정하는 사람은 많고, 그들은 생각보다 자주 바뀐다

속칭 C-level이라 불리는 CEO와 CFO, 경영지원본부장, 혹은 경영총괄 정도의 직책을 가진 부사장이나 전무 직급이 있다. 그리고 그 밑에 경영지원부문장 아니면 그룹장, 삼성 같은 경우는 팀장 정도 되는 상무급 임원이 존재한다. 그리고 그 밑에 인사팀장(삼성은 그룹장) 정도까지의 직책 보임자들이 일반적인 기업에서 인사정책을 결정할 수 있는 사람들이다.

대부분 회사들의 정책은 생각보다 오래가지 않는다. 왜냐하면 사람이 바뀌거나, 아니면 그들의 생각이 바뀌기 때문인데, 그 정도가 지나쳐서 정말 한 시즌이 멀다하고 정책이 바뀌는 경우도 있다. 너무 적나라한 내용이기에 회사명은 공개하기 힘들지만, S대학교 출신의 대표이사(CEO)가 오자 정책적으로 SKY를 뽑았던 회사가 딱 그 다음 해에 인서울 하위권 대학 출신의 대표이사(CEO)가 부임하더니 역정을 내서서 다시 국내 대부분 대학의 지원자를 뽑았던 적도 있다.

과연 그뿐일까? 성별, 나이, 학교, 학과, 지역 등등 참 비합리적인 요인에 의해서 합격자가 걸러지기도 한다. 또한 어느 정도 합리적으로 서류 검토 체계를 만들어 놓고, 특정 조건을 가진 사람들을 떨어뜨리고 싶을 때에는 (유일하게 정성적으로 건드릴 수 있는) 자기소개서 점수를 0점 처리해가며 다 떨어뜨려 버리는 경우도 있다.

물론 모든 회사에서 이런 일이 벌어지는 것은 결코 아니다. 하지만 채용은 회사의 수많은 업무 중 하나이기에 매우 비합리적인 일이 일어날 수도 있다는 것이다.

결국 필자가 하고 싶은 말은 이거다. **서류 과정에는 그만큼 운이 작용한다는 것.** 그렇다면, 자기소개서는 정말 중요하지 않을까?

필자는 "중요하긴 합니다만, 빠르게 기본을 세팅해 놓고 더 이상 많은 힘을 들일 필요는 없습니다."라고 답하겠다. 자기소개서보다는 스펙과 운이 서류 합격에서 차지하는 영역이 압도적인 것은 사실이다. 하지만 일정 수준 이상의 '직무에 맞춘' 자기소개서를 만들어 놓고 그것을 복사+붙여넣기 해서 많은 회사에 지원한다면 일단 운의 영역을 확장시킬 수 있다.

면접 단계에 가면 더 자기소개서가 중요해진다. 기본적으로 면접관 중에 자기소개서를 꼼꼼히 읽고 들어오는 사람도 있고, 업무에 치여서 자기소개서를 미리 읽고 오지 못한 면접관일지라도, 면접장에서 처음 마주하는 것은 여러분의 첫인상과 여러분의 자기소개서다.

그런데 자기소개서를 이상하게 써놨다면 부정적인 감정을 가지고 면접에 임하게 될 수도 있으며, 또 자기소개서가 솔직하지 못하다거나, 너무 오만하거나, 면접관이 보기에 잘못된 내용이 들어가 있다면 면접 내내 공격만 당하고 나오게 될 수도 있다.

이제부터 필자는 자기소개서 작성과 직무에 관한 이야기를 이 책에서 풀어내보려 한다. 사실 시중에는 이미 수많은 자기소개서 작성 관련 도서와 더불어 블로그 글, 유튜브 영상들이 존재한다. 또한 많은 컨설턴트들이 이미 각자의 스타일대로 강의와 첨삭을 하고 있다. 그들 모두가 다 옳은 말을 하고 있다. 그래서 꼭 우리의 글이, 이 책에서 하는 말들이 다 정답은 아니다. 사람은 자신이 성공한 방식대로 세상을 볼 뿐이다. 각자의 성공 방식에 약간 차이가 있을 뿐이며, 그렇기 때문에 다른 컨설턴트와 조금 다른 말을 할 수도 있고, 비슷한 이야기를 할 수도 있다. 그러므로 앞으로 이 책에서 말하는 자기소개서에 대한 이야기 역시, 필자들이 생각하는 '자기소개서 쓰는 법'이라고 생각하면 좋겠다. 다만, 그것이 이 책을 읽는 독자들에게 긍정적인 방향성을 선사할 수 있기를, 조심히 바래본다.

자기소개서로 고통받는 모든 이공계 취준생들에게 이 책이 힘이 되길 바란다.

2022년 4월
취업지킴이, 취업조로

Contents

PART

01

경험을 제대로
분석해야 취뽀한다

누가 봐도 뽑고 싶은
이공계 자소서

공대생의 차별화된
경험분석 방법

　대한민국에서 공대생으로 자기소개서를 작성하기 위해서 통과해야 하는 첫 번째 관문은 '경험'에 대한 이해이다. 이는 모든 취업준비생의 공통된 고민 중 한 가지일 것이다. 하지만, 공대생의 경우에는 평상시 언어적인 표현보다는 숫자에 더 익숙한 만큼 자기소개서를 작성할 때면 문과생보다 더 힘들어한다. 이때 자기소개서를 잘 작성하기 위해서 거쳐야 하는 과정이 경험분석이다.

　하지만, 많은 공대생이 경험분석을 왜 해야 하고, 어떻게 하면 좋을지 알지 못하고 있다. 먼저 경험분석을 시작하기 전에 이를 해야 하는 목적이 무엇인지 생각해봐야 한다. 당장 오늘 내일도 기억이 흐릿한데, 3년, 5년 길게는 중고등학교 시절까지 거슬러 올라가서 정확한 내용을 기술하는 과정은 쉽지 않다. 그렇더라도 **경험분석을 꼭 해야 하는 이유는 '내 과거를 통해 나 자신을 돌아보기 위함'**이다. 이 과정이 꼭 필요할까? 의문이 들 것이다. 자기소개서를 작성할 때 기업에서 요구하는 직무 역량에 맞춰서 나를 보여주기 위해서는 내가 어떤 기질을 가진 사람인지, 남들보다 뛰어난 능력은 무엇인지 등을 알고 있어야 한다. 하지만 많은 공대생과 이야기를 나누다 보면 자신에 대해서는 잘 모르는 경우가 대부분이다.

특히, 타인의 행동, 성격, 태도 등을 엄격한 기준으로 평가하지만, 정작 나에 대해서는 잘 알지 못하는 경우가 많다. 따라서 경험분석 과정을 통해서 내가 어떤 삶을 살아왔는지, 무슨 선택을 하였는지, 선택을 통해서 무엇을 배웠는지, 이후에는 어떤 가치관으로 발전했는지 등 깊은 고민이 필요하다. 이처럼 고민을 통한 과정이 반복되어야 자기소개서에 활용할 소재들을 선별할 수 있지만, 많은 공대생이 자기소개서 앞에서 쓸 말이 없다고 이야기한다. 이러한 경우는 쓸 만한 경험을 기억하지 못했거나, 자신이 한 경험이 별 것 아니라고 여겨서 그렇게 생각한다. 지금이라도 시간을 내서 경험을 정리해 두면 자신의 경험을 객관적으로 볼 수 있을 뿐 아니라 직접적으로 관련된 직무 경험이 없더라도 직무와 연결할 수 있는 경험을 찾을 수 있다.

끝으로, 최근 수시 채용이 확대되면서 공채보다 상시로 채용공고가 나오고 있다. 이러한 상황에서 경험분석이 미리 되어 있지 않으면 회사마다 다른 자기소개서 문항에 빠르게 대응하기가 어렵다. 특히 최근에는 자기소개서 문항이 다양해졌으며, 요구하는 글자 수가 많아지면서 무엇을 작성해야 할지 고민하다가 마감 시간에 쫓겨 부족한 자기소개서를 그냥 제출하게 되는 경우도 비일비재하게 발생한다. 따라서 자기소개서에 자주 나오는 평가 키워드를 분석한 다음에 경험분석을 해야 한다. 다양한 방법이 있지만, 필자는 공대생이 좀 더 쉽게 작성할 수 있는 3가지 방법인 '마인드맵, 스토리구조도, 키워드구조도'를 추천한다.

마인드맵

마인드맵은 마치 지도를 그리듯이 자신의 경험이나 내용 등을 자연스럽게 기록하며, 머릿속 생각을 정리하게 해주는 장점이 있다. 실제로 마인드맵은 경험 정리에도 효과적이지만, 정리하는 과정에서 자신감을 키울 수 있고 사고의 자율성을 향상시킨다. 나아가 기억력을 높이고 면접에서 침착하게 대처

할 수 있도록 여러 상황을 생각해볼 수 있다. 만약 스스로 논리력이 부족하다고 느낀다면 논리적으로 생각해볼 수 있는 좋은 기회이기도 하다.

마인드맵 효과를 높이는 방법

❶ 중심 생각에서부터 가지를 치며 생각에 연결고리를 찾아서 적는다.
❷ 전체적으로 기준을 두고 색을 사용하여 분류한다.
❸ 각 가지를 하나의 키워드로 두고 분류한다.
❹ 세부 가지까지 연결하면서 더 상세한 키워드를 확인한다.
❺ 정답을 찾으려고 하기보다 자유롭게 떠오르는 것을 기술한다.

EX 🔍 마인드맵 예시

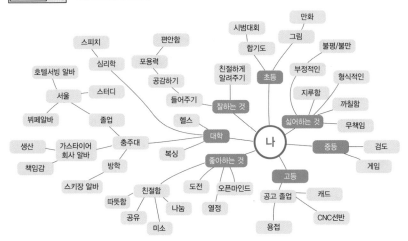

스토리구조도

스토리구조도는 직업 가계도 이론과 스토리를 결합한 방법으로 연대기적 구성에 따라서 태어난 순간부터 현재까지의 모든 경험을 기록하는 방법이다. 실제로 인생 스토리를 작성하면 구체적인 경험을 한눈에 확인할 수 있는 좋은 가이드가 될 수 있다. 특히, "전 아무런 경험이 없어요.", "공백기가 길고 한 일이 없는데 어떻게 하죠?"라고 고민하는 사람들에게 아주 유용하다.

스토리구조도 효과를 높이는 방법

❶ 시간의 큰 흐름에 맞춰서 사건 위주로 적는다.
❷ 자신이 질문하고 답변을 적는 형식으로 적으면 쉽게 작성이 가능하다.
❸ 내가 가진 경험이 별로라는 생각은 버리고 무조건 다 적는다.
❹ 최대한 구체적으로 작성하려고 노력한다.
❺ 경험은 세부적인 에피소드와 역량으로 구분하면 정리하기가 쉽다.

EX_1 🔍 대학교 이전

시기	주요 내용
13~15살	중국 시안에서 생활 13살에 중국 내륙 지방에 있는 시안으로 이사를 가게 되었는데, 내륙에 위치한 관광도시 시안에는 한국인이 많이 없었고, 대대수가 교회 선교사 집안의 아이들이었음. 책 읽는 것은 어릴 때부터 좋아했는데 한글책만 읽다 보니, 영어 대학 교재로 수업하는 역사 수업이 어려워 몇 달 동안 영어책을 읽으면서 어휘력을 키웠음
	적응력 중국 광저우, 텐진, 시안을 거쳐 이동하면서 빠르게 친구들과 가까워지는 방법을 배울 수 있었음

시기	주요 내용
15~16세	**한국으로 귀국/중학교** 아버지의 직장을 따라 가족 모두 한국으로 귀국하여 중학교에 입학했지만, 중국과 다른 환경에 적응하는 데 많이 고생함. 수학에 흥미를 느껴 이과를 선택하게 됨
	전공 선택 계기 문과보다는 이과가 나에게 잘 맞을 것이라는 판단으로 이과에 대해서 알아보았고, 그 과정에서 대학 진학 시 기계, 전기, 화공 등 여러 전공을 선택할 수 있다는 것을 알게 됨. 이때부터 전기과에 매력을 느끼고 관심을 두게 됨
17~19살	**고등학교** 고등학교 3년 내내 개근상을 받았고, 특히 2학년 때부터 학교 도서 위원으로 활동하면서 다독상을 받았음. 학년에서 제일 책을 많이 읽는 학생에게만 주는 상으로 이때 부족한 언어적인 능력을 높일 수 있었음. 당시의 경험으로 무언가 목표를 달성하는 과정에서 성취감을 가질 수 있었음. 그래서 도서 분야별로 목표를 정하고, 이를 꼭 달성하기 위해서 노력함
	목표달성능력 기존에는 수동적으로 시키는 일만 했다면, 이후부터 적극적인 성격으로 바뀜. 매달 스스로 목표를 정하고, 최대한 달성하기 위해서 노력하였고, 그 결과 학교 성적 향상, 체력 증진, 동아리 참여 등으로 여러 경험을 할 수 있게 됨

EX_2 🔍 **대학교**

시기	주요 내용
20살 (2학기)	**대학 생활 시작** 기계공학실험 팀장을 했으며 매 시간마다 아누이노를 사용하여 실험을 했음. 실험을 할 때 모두 같이 해야 보고서를 작성할 때 수월하기 때문에 팀원들과 의논하여 언제 같이 실험을 할지, 예비 보고서 작성 순서, 보고서 작성기한 등과 같은 규칙을 정하였음
	리더십 처음으로 팀장을 하면서 자신감을 가지게 되었음. 특히, 다른 팀원들을 이끌면서 적극적으로 팀을 이끄는 노하우를 배울 수 있었고, 규칙을 통해서 모두의 만족을 이끌어냄

21살 **(1학기)**	**팀 프로젝트 적극적 참여** 적극적으로 팀 프로젝트가 가능한 수업을 찾아서 수강함. 그러다 보니 전공과목인 유체역학에서 다른 학생들보다 월등하게 높은 점수를 받는 등 대학 생활에서 재미를 느낌 **문제해결능력_창의적사고** 공학 설계팀 프로젝트에서 LEGO MINDSTORM을 이용하여 로봇 청소기를 만들었을 때, 로봇 청소기가 벽 모서리에 도달하면 제자리에서 회전하여 방향을 변경할 수 있어야 했는데 뒤쪽 바퀴의 구조적 문제 때문에 불가능했음. 굳이 바퀴가 있을 필요가 없다는 생각이 들어 공을 뒤쪽 바퀴 대신 달았고, 로봇 청소기는 벽 모서리에서 문제없이 제자리에서 회전하여 방향이 변경할 수 있게 되었음
24살 **(1학기)**	**편입 도전** 좀 더 좋은 학교로 옮기고 싶은 마음에 군대 전역 이후 편입을 준비함. 열심히 공부하여 편입으로 갈 수 있는 가장 높은 학교들에 필기 시험은 다 합격했지만 면접에서 다 떨어지며 결과적으로 편입에 실패함 **면접공포증** 이후에 면접에 대한 불안을 많이 가지게 됨. 지금도 취업 준비에 있어서 면접이 하나의 관문처럼 느껴질 정도로 자신감이 없음. 당시 면접에 대한 실패 경험이 아직도 영향을 준다고 생각함
25~26살 **(1학기)**	**군대(사회복무요원)** 1년간 장애인 학교에서 생활하면서 장애인 밥 먹이기, 씻기기, 화장실 도움 등등 다양한 봉사 경험을 함. 복무 1년쯤에 선임과 새로운 후임과 마찰이 있어서 근무지를 변경하게 됨. 선임과 후임이 둘이서 술을 마시고 같이 무단으로 결석하여 혼자서 장애인을 돌보게 되었고, 청력이 좋지 않은데 시설이 많이 시끄러워 영향이 있어 근무지 변경을 함. 구청에서 운영하는 복지센터로 이동하게 되면서 지역담당부서로 배치되었고, 구를 돌아다니며 구호물품을 나눠주고 센터 내 창고를 정리하는 일을 함. 돌아다니면서 다양한 사람들을 접할 수 있었음. 이후 센터 내 아동 돌봄 부서로 이동하여, 어린 장애 아동 수업을 보조하는 일을 하였고, 장애 아동 돌봄 서비스에 대한 책을 영어에서 한글로 번역하는 일도 잠시 하였음 **협상능력** 센터에서 근무할 때 마땅한 휴식 공간이 없어서 휴식 시간에 센터 구석에서 쉬는 경우가 많았는데, 센터 직원이 아닌 분들이 휴식 시간인지 모르고 부탁을 하는 경우가 종종 생겼고, 그러다 보니 근무자들 모두 힘들어 함. 그래서 직접 센터장을 찾아가 센터 뒤쪽에 사용하지 않는 빈 컨테이너 공간을 휴게실로 사용하게 해달라고 부탁한 결과 휴게공간을 얻을 수 있었음

시기	주요 내용
26~27살 (4학년 마지막 학기)	**전과 시스템 부활(서울)** 전과 시스템이 갑자기 부활되어 전과를 신청했는데 운이 좋게 되었음. 3학년 때 전과를 하면서 이전에 들은 전공학점이 모두 일반교양으로 처리되어 전공학점을 이수하느라 굉장히 바빴음. 4학년에 산학인턴을 신청했는데 성적이 좋은 편이라 인턴으로 근무할 수 있는 기회를 얻음
	의사소통_경청능력 인턴할 때 기계식 주차장 앱을 개발하는 업무를 했는데, 이때 출차 시 주차비용(현금, 카드 등) 지급방식에 문제가 생겼음. 회사 측에서 많은 사람들이 편리하게 결제하는 방식을 찾았고, 이를 해결하기 위해 결제방식에 대한 설문조사를 하였고, 그 결과 카카오페이가 가장 선호도가 높아서 이 결제방식을 앱에 적용해서 제출함
28~29세 (2학기)	**전기기사 자격증 취득** 대부분의 친구들이 전기기사 취득을 목표로 공부하지만 필요성을 못 느끼고 있었는데, 인턴 업무 과정에서 필요성을 느꼈고, 취득을 목표로 정함
	자기개발능력_자기관리능력 전기기사 자격증을 따기 위해서 몇 달 동안 오전 10시까지 학교 도서관에 가서 폐관 시간인 저녁 9시 50분까지 공부. 6개월 정도 기간을 목표로 필기부터 실기까지 짜임새 있는 학습을 꾸준하게 진행함. 그 결과 실기에서 한 번 떨어졌지만, 목표한 기간 내에 취득함

EX_3 🔍 동아리 및 대외활동

시기	주요 내용
풍물 동아리	과에 친목 동아리가 여러 개 있었는데, 과 선후배와 친목을 쌓기 가장 쉬운 방법이 동아리 활동을 통해 많이 만나는 것이라 생각하여 풍물동아리를 선택함. 지하 연습실에서 주 3회 5시간씩 연습하면서 2시간가량의 공연을 준비한 적이 있는데, 개인 사정이 생겨 동기와 선배들이 모두 참석하는 풍물연수에 다녀오지 못했던 나는 공연에 피해가 가면 안 된다는 생각에 쉬는 날에도 혼자 연습실에서 연습함 단체군무와 악기군무 연습이 끝난 후에는 항상 모여서 피드백을 하는 시간을 갖고, 연습 녹화 후 메신저로 공유하여 온라인으로 피드백을 받으며 보완해감. 공연이 홍대 차 없는 거리에서 진행되어 공연 한 달 전에 근처 상인들에게 팸플릿을 전달하면서 공연으로 인한 소음이 발생할 수 있어 양해를 구하고, 공연 전날에 한 번 더 양해를 구했고, 공연 당일 관객들의 호응을 얻으며 성공적으로 공연을 마칠 수 있었음

풍물 동아리	리더십능력 매년 동아리 단체복을 제작했는데, 정해진 틀이 없고 다들 귀찮아하는 상황이었음. 특히 옷에 들어갈 동아리 로고가 없는 상황이라서 제작이 계속 미뤄지고 있었는데, 일정이 더 늦어지면 안 된다는 생각에 직접 로고 시안을 제작하여 동아리원들에게 보여주고 피드백을 받음. 로고 시안을 바탕으로 단체복 도안 후보(항공점퍼, 롱패딩, 숏패딩 등)까지 보여주자 다들 의욕적으로 피드백을 주었고, 그 결과 동아리복을 제작할 수 있었으며 동아리원들의 신뢰를 받게 되어 추후에 총무로 발탁되었음	
	갈등관리능력 고창 전수를 갈 때 한 명당 비용이 20만 원이었는데, 비용에 부담을 느끼거나 이 비용을 지불하면서까지 왜 배워야 하는지에 대해 이의를 제기하는 이들이 있어 갈등이 발생함. 공연 준비를 위해서 풍물을 배우는 것이 중요하여 최대한 많은 동아리원의 참석을 유도해야 했고, 혜택이 있어야만 더 효율적으로 설득이 될 것이라 생각함. 동아리 회비로 전액 지원하는 데는 한계가 있어 대안책을 모색하다가 평소 엠티를 자주 갔기 때문에 엠티 회비를 줄여준다면 수긍할 수 있을 것이라 생각하여 그동안 엠티 평균 지출을 합산하여 절약할 수 있는 부분을 계산하고, 현재 보유하고 있는 동아리 예산을 합쳐 어느 정도 잉여 예산이 남는지 계산함. 저녁 식사비를 절감하면 모든 동아리원들의 비용 만 원 정도를 줄일 수 있다는 결론을 내고, 전수 참석자에게는 다음 엠티 회비를 깎아주는 것을 제안. 동아리원들이 제안을 받아들여서 개인 사정이 있는 사람을 제외하고는 모두가 참석할 수 있었음	
맛집 탐방 동아리	동아리 회장과 학생들의 추천으로 대표 자리를 맡게 됐다. 대표가 된 후 동아리의 인식을 개선하고, 참여자를 늘리는 것에 집중하는 등 동아리를 위해서 노력함	
	문제해결능력 연합동아리에서 우리 학교만 캠퍼스가 분리되어 있어 결속이 힘들고, 부족한 인원으로 인한 침체된 분위기를 개선하고자 함. 많은 홍보가 필요하다고 판단. 정해진 인원과 홍보 기간 중 효율적으로 홍보하기 위해 온오프 전략을 나눠서 세움. 캠퍼스에서는 동아리 부스를 만들어 평소보다 일찍 홍보를 시작하고, 온라인에서는 대학생 커뮤니티 어플과 SNS로 홍보하며 Q&A로 적극적으로 소통하여 이전보다 2배 넘게 지원자 수 증가함	

맛집 탐방 동아리	동아리 활동을 하던 당시에 SBS에서 하는 '백종원의 푸드트럭'이라는 TV프로그램이 인기가 많았는데 인터넷에서 출연자를 모집하는 글을 보고, 동아리에 참가 신청을 해보자는 의견을 냈고, 맛집 탐방 동아리라는 콘셉트를 살려 신청함. 다행히 선정되어 방송 촬영하는 곳에 가서 직접 먹어보고 맛 평가도 함. 방송에는 먹는 모습만 짧게 나오고 동아리가 홍보된 것은 아니라서 아쉬웠지만 새로운 경험이었고 모두 즐겁게 다녀와서 뿌듯했음
	대인관계능력(협상) 맛집 탐방과 관련된 동아리 활동을 찾아보다가 당시 백종원이 푸드트럭의 솔루션을 제시해주는 프로그램이 인기리에 방영 중이었고, 한강에서 진행했기 때문에 서울에 있는 대학들의 접근성이 좋았음. 새로운 활동을 경험하며 동아리의 화합을 도모하기 위해 참여를 제안하고, 맛있는 음식을 먹으면서 TV출연도 할 수 있다는 점을 내세워 설득함. 재밌는 추억을 쌓았고 추진력이 좋다는 평가를 받음

EX_4 🔍 최근 경험분석

시기	주요 내용
30살	**수학강사의 회의감** 선행에 목숨을 거는 학생과 학부모, 20분의 저녁시간, 아이들의 능력치를 고려하지 않는 수업 속도를 보며 나의 가치관과 전혀 맞지 않아 이직을 고려하게 됨
	경청능력 6개의 심화문제집과 4개의 고난도시험지를 만들라는 부원장님의 지시를 받았는데, 수업 준비로도 바빴기 때문에 시간을 쪼개 많은 양의 추가 업무를 해야 한다는 것에 불만을 느낌. 할 때는 굉장히 힘들었는데, 문제집을 다 만들고 학생들이 직접 풀도록 해보니 어떤 문제들을 학생들이 더 어려워하고, 더 쉬워하는지 감을 잡을 수 있었고, 고난도 시험지를 만들 때 다양한 난이도가 섞인 시험지로 만들어야 변별력 있는 시험지를 만들 수 있다는 것을 배울 수 있었음
	정보처리능력 학원 내에서 보유하고 있던 문제들은 많았으나 학생별로 어려워하는 문제가 천차만별이었음. 모두에게 동일한 문제지를 주면 공부의 효율을 올리지 못할 것이라 생각하여 숙제 검사 및 수업시간, 시험을 통해 학생 개개인이 어려워하는 문제를 파악한 후 맞춤별로 문제지 프린트를 만들어줌. 학생들이 자신이 못하는 문제들만 모여 있는 프린트여서 처음에는 풀기 싫어했지만 몰랐던 문제들이 아는 문제가 되고, 성적이 오르기 시작하자 그 프린트 받는 것을 좋아함

고객서비스능력

학생의 어머니로부터 학생이 수학공부만 해서 다른 공부를 못하고 있다는 불만이 제기됨. 숙제 양이 많은 것은 아니지만, 오답률이 높아 숙제할 때 남들보다 서너 배의 시간이 걸렸고, 많은 문제를 접해봐야 도움이 된다고 어머님께 말씀드렸지만, 일주일 내내 수학만 해서 다른 과목 성적이 계속 떨어지고 있다고 말씀하심. 학생이 가장 싫어하는 것이 반 이동이었기 때문에 조건이 붙으면 밀도 높은 공부를 할 것이라고 판단하였고, 숙제를 절반으로 줄여주는 대신에, 성적이 떨어지면 반 이동이 될 것이라고 말씀드림. 어머님과 학생 모두 동의하였고, 시행 2주 후에 다시 연락해보니 시간적 여유가 생겨 다른 공부도 많이 할 수 있어서 좋다고 말씀하심

이처럼 흐름에 따라서 정리하면서 삶의 전환점이 되었던 경험이 무엇인지 고민해보아야 한다. 그리고 사건에 맞춰서 어떤 역량을 주로 배웠고 활용하였는지를 이해할 수 있다. 가장 좋아하는 것은 무엇인지, 현재 내가 어떤 경험을 해왔는지, 어떤 직무를 배우고 싶은지 등 평상시 고민해보지 못했던 것을 생각해볼 수 있다. 특정한 형식을 두고 작성하기보다 의식의 흐름에 맞춰서 그때를 떠올려서 적어보자. 막상 적고 보면, 내가 살아오면서 다양한 선택을 하고 살았음을 알 수 있다. 이러한 일상적 경험에서 나오는 이야기가 결국 서류 및 면접에서 설득력을 줄 수 있다.

중고 신입으로 경력이 있을 때는 아래처럼 추가로 있었던 사건을 위주로 직무 역량을 개별적으로 정리할 수 있다. 이때 중요한 점은 내가 평상시 맡았던 업무 또는 과업으로 세부적으로 나눠서 정리하는 것이다.

시기	주요 내용
1년 차	1. OJT기간(3주) (linux, node.js, PostgreSQL) • 웹 표시 부분과 data받고 처리하는 부분 개별로 개발 • node.js를 이용한 CURD 게시판 • 미세먼지정보 openAPI 활용 • 세션활용 로그인처리, PostgreSQL 연동, node-cron을 이용한 스케줄러 설정 2. 연료전지통합관제시스템 (node.js, Java, PostgreSQL) • PLC 통신으로 데이터를 받아 실시관통합관제모니터링시스템 • 데이터 그래프 표출 Billboard.js 차트 y축 격자 추가, 폰트 수정 • 로그인이력 관리 메뉴 개발, 기존 소스 분석하여 개발 • 사이트관리 메뉴 페이징처리 에러 수정 (디버깅) 3. 철도통합관제모니터링시스템 (Java, MS-SQL) • 시나리오 관리 메뉴 개발 • 운영관리 - 역사정보관리, 운영자관리, 모니터링시간관리 메뉴 개발 • 화면구성 JSP에서 생성 4. 위험물질운송안전통합관리시스템 (교통안전공단) (Java, Tibero, mongoDB) • 메인 - 사용자 미승인 내역 상세보기 메뉴 개발 • 운영현황 - 인증실패현황, 장기미수신차량현황 메뉴 개발 • 포털관리 - 게시판관리 메뉴 개발 • 화면구성 grid template 적용 • 쿼리문 작성 (LEFT OUTER JOIN, 여러 조건문 적용) • 스케줄러를 이용해 매일 2시에 DB정보 업데이트 기능 추가 • 스케줄러를 이용해 1분마다 조건에 따라 몽고DB에서 조회하여 업데이트 하고 TiberoDB에 데이터 입력하는 기능 추가

키워드구조도

키워드구조도는 자기소개서 및 면접에 자주 등장하는 핵심 키워드에 맞춰서 경험을 정리하는 방법이다. 시간이 있다면 스토리구조도를 그려보는 것을 적극적으로 권장하지만, 시간이 없을 때는 키워드구조도를 통해 핵심만을 정리할 수 있다. 이는 중소기업, 대기업, 공기업에 따라서 정리 방법은 약간씩 달라질 수 있지만, 기본적인 경험을 찾기 좋다.

〈기업별 역량 키워드〉

기업 종류	역량 키워드
중소기업	성장과정, 성격의 장단점, 대외활동, 학교생활 등
대기업	실패극복, 도전정신, 직무역량, 창의적 사고, 갈등해결 등
공기업	의사소통능력, 대인관계능력, 문제해결능력, 직업윤리 등

구직자들이 가장 많이 하는 경험에 맞춰 크게 6가지로 구분해서 작성할 수 있으며, 가치관은 8가지로 나눠서 작성한다. 경험을 적을 때 자신이 추가할 수 있는 경험이 있다면 칸을 추가해서 작성하면 된다. 주요 경험을 정리한 이후에는 개인의 가치관 및 인성을 구분하여 정리한다. 이러한 정리는 자신의 핵심 역량을 빠르게 파악할 수 있으며, 급하게 서류나 면접을 준비해야 할 때 유용하게 사용된다. 하지만 경험을 간단하게 적어서 정리하는 것이므로 자기소개서를 적을 때는 직무역량보다는 경험의 상황과 결과 위주로 나열하는 식의 오류를 범할 수 있으므로 주의한다.

〈주요 경험〉

주요 경험		사건 위주 기술
공모전/ 프로젝트	• 문제해결	• 전공 팀 과제(화학실험, 기계프로젝트, 앱 개발 등)
동아리/학회 등	• 팀워크 • 목표달성 • 리더십	• 동아리 참여(1년에 2번 제작과정에 참여) • 1학년(학과 과대), 2학년(총무)
인턴	• 유통관심 • 문서작성	• 생산관리, R&D 등 인턴 5개월
해외연수 및 여행	• 어학능력 • 문화이해 • 도전정신	• 필리핀 어학연수(3개월) • 미국 홀로 여행(1개월)
봉사 활동	• 팀워크 • 희생정신	• 독거 어르신을 위한 김장 봉사 • 결손가정 아동 멘토 프로그램
아르바이트	• 꼼꼼함 • 직업관	• 홈 iot 제조회사(3개월)

〈가치관〉

주요 경험	사건 위주 기술
중고등학교	• 학급 임원은 아니지만, 각종 행사에 적극적으로 참여함(체육대회, 장기자랑, 봉사활동 등)
부모님 가르침	• 아버지 : 맡은 일은 책임감을 갖고 해내자. • 어머니 : 스스로에게 떳떳한 행동을 하자.
전공 또는 진로	• 기계학 전공 → 열역학, 기계설비, 기계구조 등 다양하게 배움
생활신조 &교훈	• 타인이나 사회에 도움이 되는 사람이 되자. • 절대 남에게 피해를 끼치지 말자.
터닝포인트	• 복수전공으로 산업안전을 선택 → 안전에 대한 관심을 가지게 됨

좋은 습관	• 꼼꼼하게 계획을 세우는 버릇 • 매일 아침마다 운동을 하며 체력관리를 함
멘토&스승	• 고등학교 때 선생님의 가르침(책임감을 가지고 임하게 됨) • 아르바이트에서 사장님의 솔선수범한 모습(업무자세를 배움)
성격의 장점&단점	• 장점 : 계획적으로 우선순위를 선정하며 마감기한을 잘 지킴 • 단점 : 많은 일을 하려는 욕심이 있어서 여유가 없어 보인다는 이야 기를 종종 들음

　이외에도 정말 많은 경험분석 방법이 존재하므로 자신에게 잘 맞는 방법이 무엇인지를 판단하고 활용하기 바란다. 내가 가진 경험과 직무역량을 구분하고 정리한 자료는 취업의 중요한 나침반이 되어줄 것이다. 실제로 자기분석을 한 구직자와 그렇지 않은 구직자를 비교했을 때 취업의 효율성이 200% 차이가 난다고 자부할 수 있다.

쉽게 경험에 접근하는
공대생다운 방법

경험분석을 끝냈다면 이제는 경험을 자기소개서로 연결해서 작성해야 한다. 힘들게 작성한 경험분석을 근거로 자기소개서를 작성할 때는 직무 역량에 맞는 행동들이 무엇인지 자기소개서에서 찾아볼 수 있어야 한다. 하지만, 대부분 공대생이 작성한 자기소개서를 살펴보면 일반적인 경험을 나열하기 급급하다. 이는 STAR 자소서의 한계라고 볼 수 있다.

STAR 기법

그렇다면 왜 아직도 많은 사람이 STAR를 활용하여 자기소개서를 작성하는 것일까? 이는 2008년 대기업을 중심으로 임원 선발이나 중간 관리자 선발의 Assessment 연수에 활용되었고, 이후에는 신입 채용까지 확대되었다. 이러한 STAR 기법은 미국에서 MBA 에세이를 준비할 때 가장 기초적으로 알려주는 글쓰기 구조로 1956년에 미국의 AT&T가 처음으로 도입하였으며, 그 이후 많은 기업이 Assessment 연수를 활용하여 인재를 선발하고 육성해왔다. 이때 AC(Assessment Center)는 역량중심 행동면접(Competency-Based Behavioral Interviewing; CBBI)에서 대상자의 보유역량을 객관적으로 측정하고자 STAR 기법을 활용한다. 이 때문에 자기소개서를 STAR 기법에 따라 작성해야 한다고 알려졌으며, 이를 변형한 방법으로는 SCAR, 4MAT 등이 있다.

〈STAR 기법의 작성 과정〉

〈STAR 기법〉

상황(Situation)	경험의 계기 및 이유, 원인, 배경을 5W1H로 설명하는 것으로 주로 과거에 겪었던 내용을 설명한다.
과제(Task)	세웠던 목표와 자신의 역할을 설명하는 단계로 문제를 설명하고 자신의 목표 또는 과업을 강조한다.
행동(Action)	구체적으로 목표를 달성하기 위한 노력과 행동으로 앞서 언급한 상황과 과제에 맞춰서 자신이 갖추고 있는 역량을 객관화시킨다.
결과(Result)	앞서 행동으로 이뤄낸 결과를 통해 어떤 것을 배우고 깨달았는지를 구체적으로 작성한다.

EX 🔍 공대생들이 자주 쓰는 '경험 나열' 사례

저는 저보다 팀을 위해서 헌신하고 배려하는 성격으로 꼴등 팀을 입상시킨 축구팀 주장으로 활동한 경험이 있습니다. 저희 팀은 15년 이상 된 고등학교 동문 축구팀이어서 연령대가 20대 초반부터 30대 후반까지 다양하였습니다. 주장으로서 앞장서서 회식이나 축구관람 같은 행사로 팀을 화합하게 하여 시너지를 내는 하나의 팀으로 만들었습니다.

이전에는 늘 예선 탈락하는 팀이었지만 저의 임기 중에는 뛰어난 팀워크로 강동구 대회에서 입상하는 강팀으로 만들어 다음 세대한테 넘겼습니다. 팀원들은 '팀을 위해 너무 희생하는 거 아니냐'며 걱정해주었습니다. 하지만 주장직을 수행하면서 제 개인의 욕심보다는 팀이 잘되는 것에 보람을 더 느꼈습니다. 입사 후에도 이러한 헌신과 배려의 팀워크로 OOO 업무를 수행하겠습니다.

그렇다고 무작정 STAR을 활용한 방법이 잘못되었다고 볼 수 없다. 자기 소개서를 작성하기 전 STAR을 활용한다면 경험에 구체적인 기준을 정할 수 있기 때문이다. 따라서 STAR이 지닌 경험의 장점은 수용하고, 단점은 개선해서 경험을 정리해야 한다. 이때 가장 중요한 것은 상황과 결과보다 행동에 집중해서 경험을 정리하는 방법이다. 특히, 경험을 정리할 때는 행동에 70% 이상을 기술해야 한다는 관점을 두고 정리를 해야 한다.

EX 🔍 STAR 기법을 적용하여 경험을 정리한 사례

상황(Situation)	저희 팀은 15년 이상 된 고등학교 동문들로 구성된 축구팀이어서 연령대가 20대 초반부터 30대 후반까지 다양하였습니다.
과제(Task)	당시 축구팀 주장으로서 저는 저보다 팀을 위해서 헌신하고 배려하기 위해서 노력했습니다.
행동(Action)	주장으로서 앞장서서 회식이나 축구관람 같은 행사로 팀을 화합하게 했고, 이를 바탕으로 시너지 효과를 내는 하나의 팀으로 만들었습니다. 이전에는 늘 예선에서 탈락하는 팀이었지만 저의 임기 중에는 뛰어난 팀워크와 리더십으로 강동구의 축구 대회에서 입상하는 강팀으로 만들었습니다. 또한, 다른 팀과의 경기 시에는 상대 팀을 분석하여 우리 팀의 전략에 도움을 주려고 노력했습니다.
결과(Result)	다음 세대한테 넘겼을 때 팀원들은 '팀을 위해 너무 희생하는 거 아니냐'며 걱정해주었습니다. 하지만 주장직을 수행하면서 제 개인의 욕심보다는 팀이 잘되는 것에 보람을 더 느꼈습니다.

이러한 과정을 통해서 자기소개서를 작성하면 경험을 기반으로 한 자기소개서가 완성된다. 하지만, STAR 기법에 따라 경험을 정리한 자기소개서는 엄연히 한계를 가지고 있다. 그것은 경험이 주가 되는 것으로 최근 강조되고 있는 직무 역량 강조에는 한계가 있다는 점이다. 따라서, 현재는 내가 어떤 역량을 갖추고 있는지 중점적으로 보여주는 'CPSBS 기법'을 활용한다면 단점을 어느 정도 개선해서 기술할 수 있다.

CPSBS 기법

직무 역량을 강조하는 데에는 CPSBS 기법이 적합하다. 현재 내가 어떤 역량을 갖추고 있는지 중점적으로 보여줄 수 있기 때문에 이 기법을 활용한 다면 단점을 어느 정도 개선해서 기술할 수 있다.

〈CPSBS 기법〉

핵심 역량 (Core)	경험을 통해서 보여주려고 하는 핵심 키워드를 선정한다.
중점 역량 (Point)	선정된 역량이 왜 필요했는지, 역량이 담고 있는 의미가 무엇인지를 구체적으로 설명하며 주요 목표와 과제를 언급한다.
역량 발현 상황 (Situation)	역량이 필요했던 구체적인 이유와 원인, 배경을 5W1H로 설명한다.
역량 관찰 행동 (Behavior)	앞서 제시한 역량을 관찰할 수 있는 객관적인 노력과 행동만을 주로 기술하며, 다른 역량은 언급하지 않는다.
역량 발현 결과 (Summary)	역량 발현 행동으로 이뤄낸 결과와 어떤 것을 배우고 깨달았는지를 구체적으로 정량 또는 정성으로 적어준다.

EX 🔍 **CPSBS 기법을 적용하여 경험을 작성한 사례**

15년 이상 된 고등학교 동문 축구팀을 입상시켰던 비결은 '공정성'을 바탕으로 한 선발 기준이었습니다. 만년 꼴찌였던 팀에는 큰 문제점이 하나 있었습니다. 고등학교 동문이라는 이유로 선발이 마구잡이로 진행되어 주전 멤버 선정에 대한 공정한 기준이 꼭 필요했습니다.

주장으로서 강팀을 만들기 위해 무작위 선발 과정을 바꾸고자 객관적인 선발 기준을 마련하였습니다. 처음에는 팀원의 반발이 심했지만, 누구나 만족할 수 있는 기준을 마련했습니다. 팀원들의 훈련 출석 횟수, 골 득실 수, 어시스트 등 각 점수표를 마련하여 1달 기준으로 평가를 진행했으며, 이를 발표해서 공정성을 높였습니다. 늘 예선에서 탈락하던 팀이 변하기 시작했습니다. 강동구 대회에서 뛰어난 팀워크로 입상하는 강팀이 되었고, 팀 동료들로부터 공정한 선발 과정이라는 평가를 얻을 수 있었습니다.

핵심 역량 (Core)	15년 이상 된 고등학교 동문 축구팀을 입상시켰던 비결은 '공정성'을 바탕으로 한 선발 기준이었습니다.
중점 역량 (Point)	만년 꼴찌였던 팀에는 큰 문제점이 하나 있었습니다. 고등학교 동문이라는 이유로 선발이 마구잡이로 진행되어 주전 멤버 선정에 대한 공정한 기준이 꼭 필요했습니다.
역량 발현 상황 (Situation)	주장으로서 강팀을 만들기 위해 무작위 선발 과정을 바꾸고자 객관적인 선발 기준을 마련하였습니다.
역량 관찰 행동 (Behavior)	처음에는 팀원의 반발이 심했지만, 누구나 만족할 수 있는 기준을 마련했습니다. 팀원들의 훈련 출석 횟수, 골 득실 수, 어시스트 등 각 점수표를 마련하여 1달 기준으로 평가하였고, 이를 발표해서 공정성을 높였습니다.
역량 발현 결과 (Summary)	늘 예선에서 탈락하던 팀이 변하기 시작했습니다. 강동구 대회에서 뛰어난 팀워크로 입상하는 강팀이 되었고, 팀 동료들로부터 공정한 선발 과정이라는 평가를 얻을 수 있었습니다.

    CPSBS 기법을 적용한 예시를 살펴보면 같은 경험이지만 직무 역량이 강조되었다는 점을 알 수 있다. 기존의 5W1H(언제, 어디서, 누가, 무엇을, 어떻게, 왜)를 활용하여 두괄식으로 기술하지 않아도 내가 강조하고 싶은 직무 키워드를 기준으로 기술이 된다는 점이 가장 큰 강점이다.

    자기소개서 작성에 정답은 없다. 많은 사람이 자기소개서의 정답을 찾으려고 노력하는데, 지원자 본인만의 고유한 경험을 바탕으로 작성된 글에 정답이 있을 리 만무하다. 우리가 주로 활용하는 STAR 기법도 글을 전개하는 '논리 구조' 중 하나로 이해해야 한다. 물론 CPSBS 기법도 완벽한 자기소개서를 쓸 수 있는 공식이라고 말하기는 어렵다. 다만 오랜 시간 취업준비생들의 자기소개서를 첨삭하는 과정에서 알게 된 직무 역량을 강조하는 '논리 구조'라고 할 수 있다.

- C : 안전 자격증 취득
- P : 산업안전기사 취득 목적 및 취득으로 인한 변화 예상
- S : 시험이 어떤 형태로 나오는지 확인
- B : 산업안전기사 취득으로 배우게 된 지식(법률, 산업, 안전 등)
- S : 취득 이후 지식 성장으로 변화하게 된 결과

[첫 출사표는 '자격증 취득', 안전 전문가로 수업 주도해]

제가 갖추고 있는 안전에 대한 이해도는 산업안전기사 자격증을 취득하면 수업에 대한 이해도와 함께 과제 수행력이 높아질 것이라는 저만의 안정성을 확보하기 위한 선택이었습니다. 복수전공으로 선택한 안전에 대한 지식을 원활하게 학습하기 위해서는 안정적인 대안이 필요하였습니다. 당시 제 선택은 자격증 취득으로 산업안전 용어와 각종 재해 사례 등에 익숙해지는 것이었습니다.

시험은 6개 과목으로 구성된 1차 시험과 필답 및 작업형으로 이뤄진 2차 시험으로 출제되어 있어서 정확한 지식을 암기해야 했습니다. 따라서 안전관리론, 인간공학 및 시스템 안전공학, 기계&전기위험방지기술 등에 대한 기본적 지식을 갖출 수 있었으며, 안전규칙, 법령, 산업현장의 규정 등을 배울 수 있었습니다. 이때 숙지한 전문 지식으로 안정적으로 수업에 참여할 수 있었으며, 기계안전공학, 건설안전공학 등에 대한 수업 또한 원활하게 수강할 수 있었습니다.

EX_2 🔍 **취득 경험 작성 예시**

- C : 전기 관련 자격증 취득 및 다양한 전기 관련 대외활동&인턴 참여
- P : 직무수행에 있어서 전기와 설비에 관한 지식이 필요하고, 관련 분야에 대한 지식 습득은 빠른 실무 수행이 가능
- S : 전기기사/공사기사 우선 취득으로 지식 확보
- B : 전기기사/공사기사 취득 이후에는 전력 공모전&인턴에 참여하며 지식을 실무적으로 활용하며 추가적으로 보완할 부분 확인
- S : 태양광 발전 추가 취득 및 실무 종사 이후 계획

[전기 관련 자격증 취득과 경험으로 빠른 실무 수행 가능]

전기 직무에서의 전문성을 높이기 위해 전기기사와 전기공사기사를 취득하였고, 전력 공모전 참여, 전력 공기업 인턴 경험 등을 통해서 누구보다 빠른 실무 수행이 가능합니다.

우선, 전기 직무를 수행하는 데 있어 전기와 설계에 관한 지식은 기본입니다. 우선 학부시절 전기기사와 전기공사기사를 공부하면서 전반적인 전기 이론과 보호 설비, 발전기의 구조와 운전방식에 대한 지식을 습득했습니다. 이후에는 지식을 실무적으로 활용하기 위해서 전력 공모전을 진행하면서 태양광 패널을 이용한 발전&저장으로 신재생에너지 발전에 대한 이해도를 높였습니다. 그리고 공모전을 통해 쌓은 조직이해 능력을 토대로 현업에 적용하려고 노력했습니다. 이후에는 신재생에너지발전설비기사(태양광)를 추가로 취득하여 태양광 발전에 대한 전문성을 더욱 높이고, 실무에 종사하면서 발송배전기술사를 취득하여 전기 직무에 관한 전문성을 강화하겠습니다.

(03) 무조건 프로젝트, 대외활동? 오히려 불합격으로 연결

많은 공대생이 자기소개서를 작성할 때 가장 크게 하는 실수가 있다. 무조건 학부 내 프로젝트, 캡스톤 활동 등 좀 더 눈에 띄는 성과를 기준으로 경험을 기술한다는 점이다. 아무래도 눈에 띄는 성과를 정량적으로 강조하려다 보니 주로 발생하는 문제가 하나 있다. 정량적인 내용에 집중한 나머지 방향성을 제대로 정하지 못하는 경우가 많다. 그 이유는 자기소개서의 목적을 정확하게 파악하지 못하고 작성하기 때문에 그렇다.

자기소개서의 가장 큰 목적은 지원자가 했던 더 나은 경험의 질을 확인하는 과정이 아니다. 경험을 통해서 가지고 있는 지원자의 숨겨진 정성적 역량을 확인하는 것으로 무조건 학부 내 프로젝트, 캡스톤 활동 등을 기술한다고 해서 좋은 평가를 받지 못한다. 예시로 제공된 자기소개서를 살펴보면 프로젝트 참여 경험을 강조하고 있다. 분명 좋은 경험이지만 어떤 역량을 보여주려고 하는지 의도를 정확하게 파악하기 힘들다. 처음부터 끝까지 읽어보면 리더십, 팀워크, 문제해결 등을 이야기하고 있지만 정작 행동은 무엇을 의도하고 작성하였는지를 알 수 없다.

EX_1 🔍 Worst Case(대외활동)

[팀원으로서의 자부심]

  프리캡스톤 프로젝트로 흡연부스를 만들며 팀원으로서의 자부심을 느꼈습니다. 최우수상 수상이라는 목표 아래 팀장은 기계공학과 학생이 되었습니다. 팀장은 팀원들의 의견조율과 각자 할 수 있는 역할 분담을 해주었습니다.

  제가 담당한 일은 아두이노를 이용해 환풍기를 작동하게 하는 것이었습니다. 아두이노를 처음 접해 메커니즘조차 몰랐지만 담당했던 업무였기에 코딩에 대해 자문을 구하고 책을 통해 원리부터 이해했습니다. 처음 완성했을 때 결과는 실패였습니다. 센서가 일산화탄소 감지 후 정상수치로 떨어지는 데 15분이 걸렸기 때문에 효용성이 없었습니다. 팀장은 옆에서 동기부여를 해주었고 팀원들은 자신의 업무가 아님에도 도와주었습니다. MQ-7과 보드에 납땜을 하고 코딩을 수정하며 3번의 시도 끝에 정상수치 180으로 떨어지는 데 2분이 걸렸습니다. 성공적인 결과를 보며 팀원으로서 자부심을 느꼈습니다. 프리캡스톤 대회에서 입상을 하지는 못했지만 성공적인 업무수행을 위해 팀원으로서의 자부심은 중요하다고 느꼈습니다.

  경험으로 자기소개서를 기술할 때 가장 중요한 것은 직무 역량을 중점으로 기술해야 한다. 즉, 내가 이 경험으로 어떤 역량을 보여주고 싶은지가 가장 중요하다. 아래 자기소개서를 살펴보면 경험을 통해서 '성취지향'을 보여주고 있는 것을 알 수 있다.

EX_2 🔍 Best Case(대외활동)

[성취지향 – 목표를 당성하기 위한 노력, 현장을 반영하다]

  성취지향적 태도를 바탕으로 정해진 목표를 달성했습니다. 당시 저에게 주어진 과제는 안전보건지원공모사업 중 서비스업에 종사하는 감정노동자들을 대상으로 진행하는 사전예방 캠페인이었습니다. 현장의 소리를 반영하기 위해 인터뷰를 수행할수록, 현장 담당자들이 원하는 것은 '우리도 누군가의 가족'이라는 의견이 많았고, 고객들이 던진 날카로운 한마디와 눈빛이 그들의 마음을 상하게 할 수 있다는 점을 확인했습니다. 그 후 전체적인 방향이 바뀌었습니다. '가족'이라는 키워드를 설정하여 포스터 제작에 반영했고, 우리가 제작한 포스터는 사업소 현장들에게 큰 공감을 이끌어내며 제가 소속한 부서에 큰 자부심을 느꼈습니다.

  결론을 내기 위해서는 명확한 목표를 세우고, 정한 목표를 계속 관리하여 달성하여야 합니다. 성취지향적인 태도를 바탕으로 능동적으로 고객들의 마음을 얻을 수 있도록 한발 앞서서 기획하고 실행으로 옮기며 No.1 자동차기업이라는 자부심을 널리 알리고 싶습니다.

이처럼 자기소개서를 작성할 때는 내가 강조하고 싶은 역량 키워드를 중점으로 기술하는 과정이 중요하다. 그 이유는 서류 검토자 입장에서 고민해 보면 쉽게 이유를 알 수 있다. 서류를 읽는 담당자는 하루에도 수천 개의 자기소개서를 검토하고 있으며, 800자 이상의 글자 수와 3개 이상의 문항들로 구성된 경우에는 짧은 시간에 모든 내용을 확인해야 하기 때문이다. 따라서 내가 강조하고 싶은 직무 역량과 벗어나서 많은 내용을 주려고 하다 보면 정보가 분산되어서 검토하는 이로 하여금 혼란을 줄 수 있다.

프로젝트 참여 경험도 비슷하다. 무작정 했던 활동을 나열하기보다는 경험을 통해서 내가 가진 역량이 무엇인지 기술하는 것이 중요하다. 하단의 잘못 작성된 예시를 살펴보면 내가 했던 업무를 중점으로 문제를 해결해나가는 과정을 볼 수 있다. 하지만, 경험 기준으로 기술되다 보니 자기소개서를 통해서는 어떤 능력을 갖추고 있는지 정확하게 알기 어렵다.

EX_3 🔍 **Worst Case(프로젝트)**

[연구 성과, 성공리에 끝마치다]
　12월 11일은 2년간 끊임없는 고민으로 졸업논문을 완성한 순간입니다. 이후 공학자로 전문가가 되기 위한 첫걸음을 내디뎠습니다. 졸업논문은 내가 관심 있는 분야로의 설정과 팀이 아닌 개인의 고민과 노력을 통해 완성됩니다.
　학부 시절 논문 작성 경험이 없었던 저에게 도메인 정하기부터 사용될 알고리즘과 제안 방법의 구성 등 진행 단계마다 어려움이 닥쳤습니다. 일을 진행하는 데 가장 어려웠던 이유는 연구에 대한 제 욕심이었습니다. 동기들은 개인 연구와 프로젝트 연구를 같은 주제로 진행하여 시간을 절약했지만, 제가 연구하고 싶은 과제는 개인 연구와는 많이 달랐습니다. 이를 극복하기 위해 제가 선택한 방법은 계획적인 업무 수행이었습니다. 다른 동기들보다 더 효율적으로 시간을 활용하기 위해 기반 논문을 정독하며 아이디어를 생각했고, 매일매일 선배들에게 제안한 아이디어의 부족함을 피드백 받아 차근차근 진행하였습니다.
　그 결과 기존의 87%에서 10% 더 좋은 성능을 보이며 마무리할 수 있었으며, 논문 5편을 작성할 수 있었습니다. 그 중 한편은 학술대회 장려상을 받았고, 참여한 프로젝트에서 기술 이전을 하며 성취감을 맛보았습니다.

반대로 하단의 잘 작성된 예시를 살펴보면 지원자의 '갈등해결능력'을 확인할 수 있다. 양측의 사이에서 어떻게 갈등을 해결했는지를 경험의 행동을 통해서 확인할 수 있는 점이 가장 크게 다른 점이라고 볼 수 있다. 그래서 경험의 결과를 확인해보면 지원자가 적절한 합의점을 찾는 데 능하다는 것을 알 수 있다.

EX_4 🔍 Best Case(프로젝트)

[협업의 갈등은 공감대를 만드는 길, 성과로 연결]

학부 시절 협업에서 불협화음이 생기거나 미궁으로 빠졌을 때 가장 좋은 극복방법은 구성원의 뜻을 하나로 모으는 '마음가짐'입니다. 항상 팀 작업을 하면 결과가 좋은 편이었으며 그렇게 큰 갈등은 없었습니다. 하지만 친한 친구들과 진행한 '자동차 응급 안전 시스템' 프로젝트는 구성원 마찰로 인해 가장 힘든 시간을 보냈습니다.

계속된 불협화음을 해결하기 위해 선정한 주제부터 변경하였습니다. 구성원들이 함께할 수 있게 공통의 관심사인 '자동차'로 주제를 재선정하였고, 이에 맞춰 프로젝트 계획을 변경하였습니다. 그 후 팀원들에게 목표를 공유하며 필요한 아이디어를 구체화시켰고, 설계와 개발을 컴포넌트 단위로 나누어 각자에게 공동으로 분배하는 등 구성원 모두 만족할 수 있는 업무분배를 하였습니다.

그 결과 유일하게 추가지원금 300만 원을 받아 다른 팀보다 가능성을 인정받았지만, 일방적인 주제선정과 친한 친구와 함께 진행한다는 안이한 생각으로 인해 프로젝트를 망칠 뻔했습니다. 이번 프로젝트를 진행하며 프로젝트의 완성을 향해 전진하는 동력은 결국 '함께'하는 동료들 덕분이라는 점을 깨달았습니다. 그래서 저는 사람들과 함께 일하는 것이 '효율적 시스템'이라고 생각합니다.

이처럼, 무작정 눈에 띄는 성과 및 업무 경험을 기술한다고 해서 좋은 평가를 받는 것이 아니다. 합격하는 자기소개서는 별다른 경험이 아니라도 과정을 통해서 어떤 역량을 갖추고 있는지를 확인할 수 있어야 한다. 특히, 최근에는 채용 환경이 변하면서 해당 '직무를 수행할 수 있는 능력이나 경험을 가지고 있는가?'를 중요하게 여기고 있다.

이제는 프로젝트, 캡스톤 등 질 높은 경험을 기술해야 한다는 잘못된 생각에서 벗어날 시기이다. 오히려 스토리텔링을 통해서 내가 보여줄 역량을 일관되게 자기소개서에 담는다면 서론 – 본론 – 결론의 일관성과 설득력을 갖출 수 있다.

기업은 어떤 공대생을
원할까?

　기업이 채용하고 싶은 인재를 정확하게 이해하고 접근한다면 '지피지기 백전백승'이 가능하다. 즉 기업이 어떤 인재를 원하는지에 대한 깊은 고민이 필요하다. 물론 공대생이 취업을 원하는 모든 기업 그리고 직무마다 채용 방식과 선호하는 인재가 다르기에 정답은 없다. 하지만, 목표로 한 기업이 선호하는 인재 유형을 먼저 파악하고, 이를 자기소개서에 기술할 수 있다면 합격에 한 걸음 다가설 수 있다.

　과거에는 1명의 뛰어난 인재가 1만 명을 먹여 살리는 게 가능했다. 그래서 스페셜리스트(Specialist), 소위 뛰어난 인재를 채용하기 위해서 애썼다. 이를 반증하는 것이 몇 년 전까지만 해도 취업 시장에서 꼭 갖춰야 한다고 불리던 8대 스펙(Spec)이다. 학벌, 학점, 토익, 어학연수, 자격증, 봉사활동, 인턴, 수상경력을 반드시 가지고 있지 않으면 취업이 어려웠고, 맹목적으로 스펙 쌓기에만 전념했다. 당시에만 해도 자기소개서보다는 이력서를 기준으로 학교, 학점, 영어 등 정량적 요소로 인재를 평가했다. 그러다 보니 1년 안에 퇴사하는 비율이 입사 인원 대비 평균 20~30%에 달했다.

　이제 기업은 뛰어난 인재가 아니라 '적합한 인재'를 채용하고 있다. 여기서 적합한 인재란 한마디로 채용 후 실무에 투입이 즉시 가능하거나, 직무를 제대로 이해하고 있는 인재이다. 그런데 요즘의 공대생들은 이를 잘못 이해하고, '무조건 성과를 낼 수 있다. 전문성을 갖추고 있다.'는 정량적 측면만을 강조한다.

EX_1 🔍 적합한 인재(전기 지식 활용도)

[실무 지식 및 기술 확보, 준비된 인재]

4학년 때 전기 기사와 전기공사기사 자격증을 취득했습니다. 그중 전기기사와 전기공사기사 자격증 취득은 학부 때 배운 전기 지식을 정리하고, 의사소통에 필요한 용어를 이해하는 데 큰 도움이 되었습니다.

그래서 인턴으로 근무할 때 현직자와 함께 일할 때 어려움이 없었습니다. 국가산업단지부터 일반 가정집까지 현장에서 고압&저압 송전을 위한 전력량계를 배선하다 보면 여러 전기 용어를 알고 있어야 했기 때문이었습니다. 그 과정에서 후크온미터를 이용하여 결선이 잘 됐는지, 상전압 측정, COS 투입 등 전기 이론이 어떻게 실무에 사용되는지 배울 수 있었습니다.

단순히 전문성을 강조하는 것이 아니다. 자신의 과거 경험들과 회사에서 수행 가능한 과업을 유추하고 이를 연결할 수 있어야 한다. 앞선 예시에서 작성된 자기소개서를 살펴보면 자신이 배웠던 지식과 대외활동 경험을 실무로 연결지어서 설명하고 있다. 확인해 보면 전기 직렬에서 가장 알고 있어야 하는 지식은 무엇인지, 자신의 역할과 업무에서 제대로 활용하였는지를 직접적으로 확인할 수 있다. 이처럼 전문성을 강조하더라도 자신이 지원한 기업에서 어떤 인재를 원하는지를 분석하고 기술할 수 있어야 한다.

그렇다면 직무와 상관없는 경험은 어떻게 기술해야 할까? 직무와 상관없는 간접적인 경험이라도 업무적 특성을 이해하고 있다면 충분히 기술이 가능하다. 직무에 대한 경험보다 과업에 대한 사고방식이나 생각이 더 중요하기 때문이다. 만약 지원하는 직무와 관련된 경험이 중요했다면 회사에서는 경력직을 채용하면 된다. 하지만, 굳이 신입을 채용하는 이유는 전문가로 성장할 가능성이 높은 자질이 우수한 사람을 채용하기 위함이다.

EX_2 🔍 자질이 우수한 사람(전기 지식 활용도)

> [지식 확인을 위한 공모전 도전]
>
> 공모전에 처음으로 도전한 것입니다. 당시 저는 학교에서 배운 전기 지식을 실제로 활용해 보고 싶었습니다. 태양광 패널을 이용한 자가 발전 테이블인 '이리저리 테이블'을 제작하기로 정했고, 회로설계, 태양광 패널 실험, 통신 실험, 애플리케이션 제작으로 역할을 분배했습니다. 여기서 저는 태양광 패널 실험과 배선 보조를 담당했습니다.
>
> 우선 테이블에 붙일 수 있는 적당한 크기의 태양광 패널을 선정했고, 전류를 얼마나 얻을 수 있는지 측정했습니다. 또한, 핸드폰 보조배터리를 이용해서 저장하는 방식으로 생산한 전력을 활용했습니다. 이후 다른 팀원이 설계한 회로를 배선과 납땜을 보조하며 효율적으로 배선하는 방법도 배웠습니다. 위처럼 열정적으로 공모전에 참여한 결과 장려상과 상금 50만 원을 받을 수 있었고, 일상에 새로운 활력을 불어넣고 전기 직무에 관한 역량을 쌓았던 좋은 기회였습니다.

다음으로 제시된 예시를 살펴보면 인턴에서 수행했던 과업이 전기 직렬과는 직접적인 관련이 없다는 것을 알 수 있다. 하지만, 수행업무를 살펴보면 전기 직렬에 필요한 자질과 내용을 담고 있음을 알 수 있다. 직무와 꼭 관련이 없더라도 공대생들이 일반적으로 경험하는 인턴, 아르바이트, 공모전, 여행, 군대, 동아리 등 모두 작성이 가능하다. 왜냐하면 기업과 수행 과업 입장에서 접근해야 지원자의 사고방식이나 생각을 엿볼 수 있기 때문이다. 하단에 작성된 예시를 살펴보면 업무 수행에 가장 필요한 원칙이 무엇인지를 객관적으로 설명하고 있다.

EX_3 🔍 자질이 우수한 사람(해외영업)

[업무에서 가장 중요한 1법칙, '기본']

제가 생각하는 가장 중요한 원칙은 '기본을 지키자'입니다. 특히, 초기 매뉴얼을 정하여 원칙을 따르고, 업무 숙지 정도에 따라서 자율권과 결정권을 넓혀 나가는 것입니다. OO 인턴으로 근무할 때 민원인에게 홍보물을 나눠주는 업무를 했습니다.

처음엔 담당 멘토였던 대리님에게 업무를 배웠습니다. 이후 혼자 업무를 수행하면서 모르는 부분은 멘토에게 재확인하며 발생할 수 있는 실수를 줄여 나갔습니다. 또한, 피드백 과정을 정리하면서 다음 인턴이나 신입사원이 난감한 상황에 대응하여 더 효율적으로 일할 수 있도록 관련 매뉴얼을 제작하였습니다. 업무가 손에 익은 후에는 기본에 충실하면서도 효율적으로 업무를 수행하는 방법을 떠올려 대리님과 차장님께 확인을 받은 후 매뉴얼에 관련 내용을 추가했습니다. 이를 통해서 기본에 충실함이 바탕이 돼야 더 효율적인 업무수행이 가능하다는 것을 배울 수 있었습니다.

뽑히고 싶은 공대생이 되기 위해서는 나 자신이 '적합한 인재'라는 점을 입증해야 한다. 이때 가장 중요한 것은 자신이 지원한 기업에서 어떤 인재를 원하는지를 분석하고, 내가 갖추고 있는 과거 경험과의 일치성을 찾아내 기술할 수 있어야 한다는 것이다.

Chapter 05

공대생이 꼭 알아야 하는 '키워드'

서류의 일관성을 위해서는 전체를 관통할 수 있는 키워드를 선정해야 한다. 이를 'Key-Message'라고 하는데, 서류를 평가하는 인사담당자로 하여금 '한번은 만나보고 싶다'는 이미지를 주게 된다. Key-Message를 전달하기 위해서는 작성하기 전 기획 과정이 필요하다.

최근 채용을 진행하는 기업을 보면 최소 3개에서 많게는 6개까지 문항을 통해서 자기소개서 작성을 요구한다. 이런 경우 무조건 자기소개서를 기술하지 않고, 문항마다 어떤 역량을 중점적으로 기술할 것인지 고민이 필요하다. 이렇게 작성된 자기소개서의 가장 큰 특징은 각각의 경험으로 구성되어 있지만, 전체 내용을 봤을 때, 개연성이 있다는 점이다.

EX 🔍 **자소서 작성 전 항목별 역량과 경험 분류 및 자소서 예시**

〈롯데정보통신의 자기소개서〉

자기소개서 항목	글자 수	강조역량 및 경험
지원동기	500자	4차 산업혁명, 플랫폼, 기술적 가치관
입사 후 포부	500자	4차 산업혁명, 플랫폼, 기술적 가치관
성장과정	800자	4차 산업혁명, 능동적 태도, 기술적 가치관
직무경험	800자	4차 산업혁명, 플랫폼, 기술적 가치관, 능동적 태도

01 지원동기

[4차 산업혁명에 맞춘 새로운 플랫폼 지원에 이바지]

고등학교 시절 '기술로 사람을 이롭게 하다'라는 기사와 책을 보며 앞으로 펼쳐질 미래에 대한 호기심을 키워왔습니다. 이는 소프트웨어 전공자로서 자연스럽게 기술개발에 관심을 두고 성장할 수 있는 원동력이라고 생각합니다. 그중 4차 산업혁명은 다양한 영역에서 기술로 사람을 이롭게 할 수 있다는 확신으로 이어졌습니다.

롯데그룹은 지난해 '뉴(New)롯데'를 선언하며 4차 산업혁명을 대비하기 위한 움직임을 서두르고 있습니다. 롯데그룹 내에서 4차 산업혁명을 가장 잘 이해하고 수행할 수 있는 기업은 롯데정보통신이라고 생각합니다. 머지않아 다양한 그룹사에 첨단기술 도입을 통하여 기술을 축적하고 더 완벽한 시스템을 구축하는 데 가장 유리한 위치를 차지하고 있습니다. 이렇듯 롯데정보통신이 생각하는 플랫폼 방향성과 과거부터 갖춰온 저의 기술적 가치관은 여러모로 일치합니다. 제가 갖추고 있는 경험, 역량, 지식을 활용하여 4차 산업혁명에 맞춰서 새로운 플랫폼 지원에 이바지할 수 있다는 확신으로 지원하였습니다.

02 업무 성장 과정

[성장의 출사표, 업무 자세는 능동적 태도로부터]

4차 산업혁명을 주제로 연구를 진행하였습니다. 업무 초반에는 담당하고 있는 본연의 업무로 인해서 능동적으로 업무를 수행하기 어려웠습니다. 하지만 문제는 저 자신의 마음가짐에 있었습니다. 학교와 회사의 소속 차이는 책임감에서 커다란 차이가 있었으며 개인주의, 수동적인 업무 자세로는 전체적인 흐름을 이해하고 문제점까지 제안할 수 있는 기술적 가치관까지 발전할 수 없었습니다. 잠을 못 잘 정도로 마음이 불편하였으며, 몇 날 며칠을 고민하였습니다. 그 이유가 무엇이고 왜 이런 식으로 일을 처리할 수밖에 없었는지를 고민하며 저 자신의 변화를 가져왔습니다.

이전에는 상사가 분배하는 일에만 목적을 갖고 수동적으로 움직였다면, 지금은 능동적인 자세로 임하며 먼저 상사에게 다가가 조언을 구합니다. 때로는 상사에게 지적을 받지만, 시간이 지날수록 상사의 기술을 습득할 수 있었습니다. 이제는 GML기반 표준화 제안 임무를 수행하거나 산업용 데이터 교환 아키텍처 관련 과제, 도시가스 기반 IoT 플랫폼 설계 등을 스스로 수행할 수 있습니다.

하루가 다르게 쏟아져 나오는 4차 산업혁명 관련 기술을 우리나라에서 최초로 공부한다면, 장차 최고 전문가로 거듭날 수 있다는 상사의 조언을 들으면서, 나 스스로 내일에 대한 주인공이 되기 위해 노력하고 있습니다. 수동적인 삶에서는 외적 성장 혹은 지식을 얻기 위한 도전을 중요시했다면, 능동적인 변화는 제게 있어 기술적 가치관을 탐구하며 '기술로 사람을 이롭게 하자'를 다지는 계기가 되었습니다.

03 직무역량

[출사표, 4차 산업혁명에 필요한 역량 쌓아]

학문적인 관점입니다. 정보통신 공학을 전공으로 학사과정에서 기초학문 수강과 더불어 팀 프로젝트를 하며, 제가 앞으로 나아갈 길에 대해 고민하였습니다. 더 나아가 석사과정에 진학하여 소프트웨어공학, 통신 네트워크를 주제로 과목 이수, 약 7건의 논문 작성과 1건의 기술 이전의 연구적인 성과를 내며 공학자로서의 기술적 가치관을 성립할 수 있었습니다.

글로벌 관점입니다. 대학원 과정 중 미국 카네기멜런대학의 소프트웨어공학 연수를 통하여 직접 플랫폼에 필요한 아키텍처를 설계하고 개발을 진행하면서 개발 계획의 중요성을 알 수 있었습니다.

실무적인 관점입니다. 현재 연구원에 소속되어 4차 산업혁명 관련 제안서 – 중간 – 결과 보고서를 작성하며, 머릿속에 있는 지식을 글로 풀어내는 경험을 하였습니다. 그리고 표준화 제안, 논문 작성 등을 통하여 '기술로 사람을 이롭게 하자는 저만의 가치관'을 정립할 수 있었습니다.

04 입사 후 포부

[기술적 가치관 발전시켜 최고기술전문가로 거듭나다]

4차 산업혁명에 필요한 통신, 빅데이터 역량을 쌓겠습니다. 특히 효율적인 통신방식을 이용하여 사용자에게 데이터를 정확하고 빠르게 전송하는 플랫폼에 대해 고민하겠습니다. 현재는 단순히 자료를 수집하고 전송을 넘어 수집된 데이터를 어떻게 활용할 수 있을 것인가에 대해 고민을 하고 있습니다. 해당 고민을 해소하기 위해 첫 번째는 기반 이론을 내 것으로 만드는 게 중요하다고 생각합니다. 두 번째는 기업, 석학 등 관련 전문가와의 생각 공유를 통해 나만의 기술적 가치관 확립이 필요합니다. 세 번째는 정립된 가치관을 바탕으로 아이디어를 실현하여 완성도를 높여가는 것이 필요하다고 생각합니다.

현재와 다르게 미래에는 한 분야의 전문가로는 인정받기 힘들 것입니다. 저는 3가지 기술에 대한 목표를 세우고 나아가면서 제 기술적 가치관을 발전시키고 싶습니다. 그 후 플랫폼, 통신, 빅데이터 분야에서 '최고기술전문가'로 거듭나겠습니다.

네 가지 항목에서는 4차 산업혁명, 능동적 태도, 플랫폼, 기술적 가치관을 바탕으로 하여 "기술로 사람을 이롭게 하자"라는 가치관이 중점적으로 작성되어 있으며, 일관되게 자신이 직무에 필요한 역량을 갖추고 있음을 보여주고 있다. 특히, 지원동기와 입사 후 포부는 기업분석을 기반으로 연결성을 부여하여 구직자가 지원한 진심과 일관성을 확인할 수 있다.

평가위원으로부터 만나고 싶은 지원자가 되고 싶다면 그만큼의 정성과 고민을 하기 바란다. 하물며 여행지를 고르거나 컴퓨터를 구매할 때도 수십 개의 리뷰를 살펴보고 경쟁 제품과 비교하는 등의 열과 성을 다한다. 이는 자기소개서도 마찬가지이다. 다른 지원자보다 더 눈에 띄고 싶다면 자신의 역량을 구체적으로 표현하는 것이 중요하다. 자신의 강점과 경험을 적극적으로 표현하되, 회사의 가치와 인재상을 적절히 녹이는 것이 핵심이다.

PART

02

공대생이 쉽게
할 수 있는 기업분석

누가 봐도 뽑고 싶은
이공계 자소서

지원동기, 회사와 이공계열 학생 사이의 괴리

요즘 취업 컨설팅을 하면서 느끼는 것은 7~8년 전과는 달리 이공계 학생들의 글 솜씨가 일취월장했다는 점이다. 이는 예전과 달리 이공계 취업도 어려워졌다는 말이기도 하다. 예전에는 자기소개서 정도는 대충 써서 내도 전자/화공/기계공학과의 학점만 어느 정도 받쳐준다면 대기업 취업이 가능했는데, 요새는 경쟁이 치열해져서 시중에 있는 취업안내서를 보거나 여러 강의를 듣고 자기소개서를 써오는 경우가 많다. 따라서 예전에 비해 자기소개서 수준이 '상향' 평준화되었기 때문에 자기소개서 또한 일정 수준 이상 신경을 써서 작성할 필요가 있다.

자기소개서를 쓰다 보면 다른 부분보다는 지원동기에서 문과생과 이공계열 학생들의 차이가 크다. 그 이유는 일단 이공계 학생들 중 모든 제조업에 지원이 가능한 기계공학과, 모든 산업군에 지원이 가능한 산업공학과, 그리고 어쩔 수 없이 학과 전공을 살리지 못하는 경우가 많은 자연계 학생을 제외한 일반 공대계열 학생들의 경우 지원할 수 있는 산업군이 자신의 학과와 맞춰져야 해서 제한적이기 때문이다.

대학 4년간 교수님께, 혹은 졸업한 선배들이나 소속된 연구실 등에서 수많은 이야기를 접했기 때문에 본인의 방향성이 우선 명확하다. 그리고 그 이전에 학교에서 수업이나 연구를 잘 참여했거나 컴퓨터공학의 경우 개발 언어들을 어느 정도 다룰 수 있다면, 회사에서 원하는 역량을 졸업 시점에 대부분 갖추게 된다. 그래서 취업에 있어서는 매우 유리한 상황이 되지만, 이 때문에 회사와 이공계열 학생 사이에서 괴리가 발생되기도 한다. 아래 문제점들을 살펴보자.

문제점 1. 지원한 이유를 설명하지 않는 경우가 많다

지원동기에서 이공계열 학생들이 많이 실수하는 것 중 하나는, 분명 지원동기에서 묻는 것이 '회사 지원동기'임에도 불구하고, 학생들이 쓴 내용을 보면 '직무 지원동기'로 느껴지는 글이 많다는 것이다. 이는 위에서 말했듯이 이미 정해버린 '본인의 방향성'의 영향이 크다. 이미 1~2학년 때부터 어느 산업군에 갈지가 정해지다 보니 당연히 준비해온 방향성도 명확하다. 그래서 지원동기에 자신이 지금까지 준비해온 것을 풀어놓기에 급급하다. 아래의 Worst 사례를 살펴보자.

EX 🔍 지원동기 Worst Case

한식, 일식, 중식 조리에 조주사까지

항상 음식에 대한 관심과 호기심이 가득합니다. 새로 나온 음식에 대한 탐구심이 뛰어나 지역 맛집이나 신기한 모양의 디저트는 전부 맛봐야 직성이 풀립니다. 그런 경험을 통해 노트에 여러 가지 사항을 분석해 놓았는데, 예를 들어 푸시 컵케이크에 대한 분석이 있습니다. 신기하긴 하지만 비주얼 측면에서 완성도가 떨어지는 것이 문제라 분석되었습니다. 일단, 손을 더럽히지 않고 먹을 수 있는 것은 여성층에게 큰 장점이었지만, 밑을 올리는 방식보다 돌려서 서서히 올라오는 방식으로 바꾸는 것이 좋다고 분석하였습니다. 이렇게 여러 음식에 대한 분석과 가장 고칠 만한 부분, 강점이 있는 부분을 기록해둔 노트는 창조적인 식품을 개발하는 개발자를 꿈꾸는 제게 큰 도움이 될 것입니다.

저는 식품 개발자의 꿈을 이루기 위해 여러 가지 조리 기초를 쌓고자 조리기능사 자격증을 공부하였습니다. 한식, 일식, 중식 자격증을 모두 따냈으며, 음식만이 메인이 아니라 주류 또한 중요한 식생활 중 하나임을 깨닫고 조주사 자격증도 따냈습니다.

> 만일 입사한다면 각 국가의 조리 원리와 다양하게 접한 에스닉 푸드를 바탕으로 새로운 식품을 개발하고 싶습니다.
>
> 창조적이고 혁신적인 사고를 통해서 시대를 주도하는 제품을 개발하여 저로 인해 세상이 더욱 풍요로워지도록 만들겠습니다.

사실 이 자기소개서를 읽고, 문제가 없다고 느끼거나 나름 잘 썼다고 느끼는 취준생도 있을 것이다. 글 자체의 수준이 낮지 않고, 특히 자신에게 해당되는 직무인 '식품개발자'와 자신이 속할 '식품 산업'에 대한 고민과 생각의 방향성이 잘 드러나서 재밌게 읽을 만한 글인 것은 맞다. 하지만 여기서 '회사'와의 괴리가 나타나기 시작한다. 회사는 일을 잘할 사람이 필요하기도 하지만, 그 이전에 우리 회사에 헌신하며 오래 있을 사람을 선호한다. 그런데 저 글에는 '왜 우리 회사에 지원하는지?'에 대한 답이 없다. 수많은 식품기업들이 존재하는데 왜 굳이 우리 회사인지, 또한 우리 회사의 식품 개발자들이 생각보다 반복된 일만 하고 창조적인 일을 하지 못한다면 과연 이 지원자가 버틸 수 있을지 회사 입장에서의 이런 고민들을 해결해주지 못했다.

이것이 바로 회사와 이공계열 지원자 사이의 가장 큰 괴리이다. 지원동기를 쓴다는 것은 본인이 그 회사에 들어갈 이유를 명확히 말한다는 것이다. 대부분의 이공계열 학생들은 지원하는 산업군과 본인이 그 산업군에 속하기 위해서 준비해온 내용은 잘 풀어내지만, 정작 해당 회사에 지원하는 이유를 명확히 설명하지는 못한다. 이를 해결하는 방법은 다음 챕터에서 차근히 설명하겠다.

문제점 2. 회사분석에 너무 많은 시간을 들인다

자연계나 산업공학과 학생들처럼 다양한 산업군과 기업에 지원하는 경우나 직무에 맞춘 내용을 서술하지 않고 회사에 대한 내용을 서술하는 공대생들의 경우 지원동기를 쓸 때 먼저 기업에 대한 정보를 모으게 된다. 다행히 해당 회사나 산업에 대한 포인트를 빨리 잡게 된다면 다행이겠지만, 회사에 대한 정보가 별로 없다면 시간만 속절없이 흘러보내고, 적합한 지원동기를 찾아내지 못하는 상황이 발생한다. 그렇기 때문에 지원할 회사를 분석하는 방식을 바꿔야 한다. 잘 쓰는 것만큼 빨리 쓰는 것도 중요하다.

더 효율적으로 지원동기를 쓰면서 다른 사람들이 반나절 걸리는 글을 1시간 만에 뽑아 쓸 수 있게 기업분석 하는 법, 이것이 가장 중요하다. 이런 방법에 대해서도 다음 챕터에서 차근히 서술해보도록 하겠다.

문제점 3. 본인의 상황과 단어에 빠져 글을 어렵게 쓴다

지원동기에서도 그렇지만 자기소개서의 모든 글에서 이공계열 학생들이 간과하고 있는 것은 바로 '자소서를 읽는 사람이 누구냐?'이다. 물론 대기업에서는 실무진에게 자기소개서를 배분하고, 해당 실무진들이 자소서를 검토한 후 합격자를 추려주는 경우도 존재한다. 하지만 대부분의 회사에서는 인사팀의 채용전담 인력이 자기소개서를 검토하게 된다. 그렇다면 본인의 자기소개서를 읽을 그들이 어떤 특성을 가졌는지를 살펴볼 필요가 있다.

일반적으로 인사팀은 문과 인원으로 구성된다. 전공은 다양하지만, 그래도 경영학 전공자를 선호하는 경향이 있으며, 인사팀 내에서 '채용프로세스 담당자'는 생각보다 연차가 낮다. 과장급 이하가 일반적이며, 자소서 검토에 투입되는 인원은 사원급도 포함될 수 있다. 생각해보자. 일반적인 문과 출신 회사원, 2~6년 차 정도가 본인의 자기소개서를 검토한다. 그들에게 '유체해석'이니, 'Solid Works', 'COSMS WORKS'라든지, 'Word2Vec', 'Name

Entity Recognition', 'Sentiment Analysis' 같은 단어들은 전부 외계 언어에 가깝다. 물론 지금 제시한 단어들에 해당될 게임업계나 IT업계의 인사팀원들은 코드나 언어가 어떤 방식으로 구동되는지는 몰라도, 개발팀에서 해당 언어나 툴을 다룰지 아는 사람이 필요하다고 요청하기 때문에 어느 정도 단어에 익숙할 수는 있다.

하지만, 굳이 왜 인사팀 문과 출신들을 힘겹게 해야 할까? 본인이 회사에 지원하는 사람이라면 조금 편히 풀어서 본인에게 관심을 더 갖게 만들 수 있다면 더 좋은 결과가 있지 않을까?

고등학교 1학년 때 본인이 이해할 수 있는 수준으로 자기소개서를 쓴다고 생각해보자. 본인이 대학 생활 때 배우고, 공부하고, 연구했던 것들을 표현하는 단어는 사실 매우 편협할 수 있다. 일반인이 모르고, 우리 학과나 우리 학교에서만 쓰는 은어일 수도 있으며, 본인은 다 알고 있는 내용이어서 단순히 단어로 표현했지만 남들이 보기엔 이해하기 어려운 글이 될 수도 있다. 그런 글쓰기를 피한다면, 더 높은 서류 합격률을 얻어낼 수 있다.

지원동기 작성 꿀팁

❶ '회사 지원동기'를 '직무 지원동기'로 착각하지 말자. 해당 직무라면 어느 회사라도 가고 싶어 하는 지원자로 보인다.

❷ 괜찮은 지원동기 소재가 떠오를 때까지 지원회사를 검색하고 정보를 모으는 당신! 결국에는 좋은 글을 쓸 수도 있겠지만 시간을 낭비하는 길이다. 지원동기를 빠르게 쓰는 법을 익혀보자.

❸ 절대! 어려운 말을 쓰지 않는다. 고등학생 1학년 수준에서 읽을 수 있게 설명하는 것이 좋다. 자기소개서를 읽는 사람은 일단은 인사팀. 문과 출신이란 것을 기억하자.

Chapter 02

지원동기,
'잘'이 아닌 '빠르게' 쓰기

왜 지원 동기를 '잘'보다 '빠르게' 써야 하는가?

일반적인 초보 취업준비생들은 자기소개서를 쓰는 데 시간이 아주 많이 걸린다. 쓰다가 제출기한을 넘겨버리는 경우도 부지기수이며, 2~3일에 걸쳐 회사 한 곳의 자기소개서를 간신히 완성하고도 마음에 들지 않아 제출을 포기하는 경우도 있다.

그런데 일반적인 대기업에서, 최종합격자 기준으로 서류합격은 약 10~15 배수가 뽑히고, 인적성에서 그를 6~8배수까지 감소시켜 1차 면접을 실시하며, 1차 면접에서는 2~4배수까지 줄여 2차 면접을 실시하게 된다. 최종 대비 10~15:1 수준의 경쟁률이라면 서류합격은 합격을 위한 시작 단계에 불과할 뿐인데, 그 시작을 꼼꼼히 써내느라 아예 지원조차 실패하게 되는 것은 너무 비효율적이다. 더 창창한 가시밭길이 기다리고 있는데, 그저 빨리빨리 써버리고 제출한 후에 다음 회사의 자기소개서를 쓰는 것이 더 효율적이지 않을까?

또한 프롤로그에 서술했듯, 취업이란 운의 요소가 꽤나 작용한다는 것을 이해하는 것이 좋다. 자기소개서의 경우만 하더라도, 어떤 성향을 가진 인사팀 손에 들어갔는지에 따라서 나라는 사람을 좋아할 수도 싫어할 수도 있는 노릇이다. 서류에서 수십, 수백 대 1이 기본 경쟁률이 된 가운데, 다양한 방식으로 평가할 수 있는 인사팀이기에 인사팀원의 개별의 선호도에 따라 서류 필터링도 달라지게 된다. 따라서 취업에서, 특히 서류단계에서 운이 어느 정도 작용한다는 것을 인지하게 된다면 자기소개서 하나하나에 쏟는 시간을 최소화시키는 것이 합리적이라는 결론에 도달하게 된다.

따라서 자기소개서에서 가장 긴 시간을 들여 쓰는 지원동기를 빠르게 쓰는 연습을 하는 것이 필요하다. 어차피 나머지 항목들이야 경험이 한정적이기에 마스터 자소서화하여 '복사+붙여넣기'를 하면 되는데, 지원동기는 그게 잘 되지 않으니 상대적으로 시간을 많이 소비하게 된다. 그러므로 이제부터 지원동기 작성의 효율성을 높이기 위한 방법을 알아보자.

지원동기, 효율적으로 쓰는 법

일반적으로 지원동기에 접근하는 방식들은 너무 오랜 시간이 걸리며, 자신의 이야기가 부재되어 있다는 단점이 있었다. 여러분이 지원동기를 쓸 때를 생각해보자. 우선 네이버나 구글에서 해당 회사를 검색할 것이다. 기사를 보고 홈페이지도 쓱 보고, 그리고 조금 더 볼 줄 아는 친구는 다트(전자공시시스템), 신용평가사이트, 주식 애널리스트 보고서 정도를 찾아볼 것이다. 그러다가 해당 회사가 다른 회사보다 더 낫다고 느껴지는 것이나, 최근 잘되고 있는 상황을 발견하면 내적 댄스를 추면서 지원동기 쓰기에 돌입할 것이다. 그러다가, 좀 식상해보이면 다른 내용을 더 찾아서 붙여보고 이런 과정을 반복할 것이라 생각한다. 이 방법은 시간도 많이 걸리고, 본인이 관심 없거나 정보가 별로 없는 기업이면 수렁에 빠지기가 일쑤다.

필자도 어떻게 하면 효율적으로 쓸 수 있을지 오랜 기간 고민해왔다. 회사 한 곳마다 긴 시간을 들여가며 쓰거나, 많은 회사에 지원하다 보면 분석력도 조금씩 향상되면서 잘 쓸 수야 있다. 그리고 이공계열 학생 중에 산업군이

특화된 몇몇 학과의 친구들은 그 산업에 Deep하게 접근하며 Insight를 보여 주는 것도 가능한 일이다. 하지만 나머지 학과들, 특히 산업군을 가리지 않고 직무만 맞춘 채로 한 시즌에 50~80개씩 지원해야 하는 일반적인 이공계열 학생들에게 긴 시간을 들여 지원동기를 쓰라는 것은 불가능에 가까운 주문이다. 필자 역시 100개 이상을 지원했던 헤비 '양치기'지원자였고, 멘티들에게도 100개를 쓰라고 권했었다.

효율적인 방법을 찾고 있다가 한 가지 생각이 머리를 스치게 되었다. 혹시 본인들이 입사하고 싶은 1순위 회사의 지원동기를 써본 적이 있는가? 그때 막힘없이 술술 써진 경험이 있지 않은가? 필자의 경우 그 막힘없이 술술 써졌던 회사가 바로 LG화학이었다. 대학교 2학년과 3학년 때 '재무관리'와 '혁신과 변화관리'라는 수업에서 LG화학을 주제로 PT 발표를 한 적이 있었다. 덕분에 지금처럼 LG화학이 학생들에게 유명하지 않았던 오래전 일이었음에도 불구하고, 태동하던 2차전지 산업과 그를 신사업으로 영위하던 LG화학이란 회사에 완전히 꽂혀버렸다. 4학년 취업준비생 당시 LG화학의 서류는 광탈했었지만, 지원동기를 쓸 때 20분도 채 지나지 않아서 술술 완성했던 기억이 있다.

왜 잘 써졌을까? 당연히 그 회사에 관심이 있어서였다. 그런데, 왜 관심이 생겼을까? 해당 회사와 제품, 그리고 속해있는 산업, 그리고 그 회사가 그리는 미래 비전을 모두 꿰뚫고 공감해서였으며, 그 비전이 내 가치관과 맞닿아 있다고 느꼈기 때문이었다. 그래서 필자가 당시에 가장 좋아했던 기업은 LG화학이 될 수 있었으며, 내 가치관과 부합하니 그 회사를 좋아하는 이유를 쉽게 설명해낼 수 있었다.

여기까지 생각이 미치고 난 후, 지난 여러 자소서들을 다시 돌아보니 느껴지는 것이 있었다. 쉽게 쓴 지원동기는 모두 '내 가치관'에서 시작이 되었으며, 우연찮게 그 가치관이 해당 회사에 잘 들어맞아질 때 지원동기들이 쓱쓱

써졌던 것이다. 특히 '내 가치관'이다 보니 그것에 대해 서술할 때 다른 사람보다 조금 더 자신이 있었고, 그 관점에 적합한 회사일수록 더 가고 싶다고 조바심을 내며 즐겁게 지원동기를 작성할 수 있었다. 그렇다면 필자가 추구하는 '지원동기 빨리쓰기'를 위해서 한번 접근방식을 거꾸로 가져가보는 것은 어떨까? 다음 단계를 밟아보자.

STEP 1_ 회사의 정보 중에 내 가치관과 직업관에 부합하는 것만 취하자.

우선 회사의 정보들은 상장사냐 비상장사냐에 따라 정보량이 크게 차이난다. 간단히 말해서 상장사는 정보가 많아서 어떤 것이 적합한지 판단하기 어려워 문제일 때가 많고, 반면에 비상장사는 정보가 너무 부족하다보니 어떤 것을 적어야 할지 몰라서 문제일 때가 많다. 그런데 내가 먼저 어떤 것을 볼지를 정해놓고, 그것만 검색해서 취한다고 가정해보면 어떨까? 무엇을 봐야 할지가 정해져 있으니, 회사에 대한 정보가 많든 적든 일단 내가 자기소개서 지원동기에 쓸 정보는 모을 수 있다. 그리고 그것에 대해서 평소에 많이 생각하고 공부했던 소재라면 훨씬 더 자신감 갖고 쓰게 될 수 있지 않겠는가?

그리고 공개된 회사의 정보들은 외부정보에 불과하기 때문에 잘못된 정보로 자기소개서를 쓰게 될 가능성도 배제할 수는 없으며, 대부분 고만고만한 내용이 많아서 남들과 차별성을 가져가기도 힘들다. 하지만 내가 확신을 갖고 공부한 가치관과 직업관이라면 내가 아는 것이 많아질수록 그런 위험성은 감소한다.

STEP 2_ 그러기 위해서 우선 가치관과 기업관을 정립하자.

이렇기 위해서는 일단 내가 어떤 가치관을 가지고 살고 있는지, 그리고 어떠한 기업관에 의해 기업들을 선택하는지를 정립하고 공부해놓는 것이 필요하다. 물론 이 과정은 아주 지난한 과정이다. 나를 직시하고, 내 생각을 바라보는 일은 생각보다 어렵다. 몇 가지 예시를 소개할 텐데, 여기에 소개하는 요소들 말고도 많은 기업관과 직업관이 있기 때문에 더 많은 생각을 해보는 것도 좋다.

기업관과 직업관 고려요소

❶ 성장성(기업, 산업의 성장성 등)
❷ 안정성
❸ 인재관
❹ 사회기여
❺ 기업문화(정도, 도전, 헌신 등)
❻ 회사의 미션, 비전, 핵심가치
❼ 기업복지, 급여 수준 등
❽ 회사의 특이한 방향성(영업중시, R&D 추구, 수출 중시 등)
❾ 내 가치관이나 삶의 방향성에 맞는 산업군에 속해 있는지 여부 등

고려 요소들을 보면 다양한 패턴으로 본인의 가치관과 기업관이 서술될 수 있다는 것을 알 수 있다. 특히 학과에 따라 산업군이 어느 정도 정해진 상황이라면 Deep하게 산업군에 접근하는 방식을 익혀놓는 것은 필수이며, 기업과 산업의 성장성과 안정성을 서술하는 방식은 다양한 Factor들이 존재하여 어떤 Factor들을 써서 접근하느냐에 따라 글이 천차만별 달라질 수 있다. 따라서 그러한 Factor들에 대해 자세하게 공부한다면 남들과 다른 Edge있는 자소서를 쓸 수 있다. 이 Factor들은 바로 다음 챕터에서 설명하겠다.

STEP 3_ 회사가 그 가치관과 기업관을 가지고 있는지를 빠르게 찾아본다.

이제 내 가치관과 기업관을 정해놓고, 그것에 대해 고민을 하거나 아니면 공부를 통해서 어느 정도 자신만의 언어로 풀어놓을 수 있는 수준이 되었다고 생각해보자. 이제 해당 회사가 내가 추구하는 가치관/기업관을 가지고 있는지 없는지를 빠르게 확인해본다. 본인이 공부가 충실한 상황이라면 그 상

황을 확인하는 게 결코 어렵진 않을 것이다. 여러분은 목적 없이 서칭하고 분석했기에 시간이 오래 걸린 것이다. 본인이 가야할 목적이 명확하면 서칭하는 시간이 확실히 줄어든다.

다만 주의할 점은 항상 모든 것은 경쟁사 대비로 생각해야 한다는 점이다. 예를 들어 매출액 대비 R&D 비중이 내가 생각하는 '도전적인 회사'의 조건이라고 가정해보자.

A라는 자동차 부품 회사의 자기소개서를 서술하면서 그 회사의 매출액 대비 R&D 비중을 검색해보니 3개년도 평균이 1.8%였다. 네이버에서 그에 관해 검색해보니 제조업 회사들은 1.0% 비중이면 높은 편이라고 한다. 그렇다고 자기소개서에 바로 쓰는 것이 아니라, 그 전에 경쟁사의 매출액 대비 R&D 비중도 확인해본다. 국내의 B회사는 3개년 평균이 2.0%, 그리고 글로벌 경쟁사인 일본의 C사의 경우 3개년 평균이 4.0%였다. 그러면 쓰지 못하는 것이다. 만약 자소서에 '3개년 평균 매출액 대비 R&D 비중이 1.8%로 매우 높은 수준이며~'라고 써버렸을 때, 산업군의 수준을 아는 실무자가 본다면 이 지원자는 아무것도 모른다고 생각할 수밖에 없다.

이런 주의사항 역시 본인이 해당하는 가치관과 직업관을 충분히 고민하며 공부했다면 스스로 깨달을 수 있다. 해당하는 특정 분야에 대해서는 누구보다 전문가가 되는 것, 그것이 필자가 원하는 지원동기 쓰는 방향성이다.

STEP4_ 내 가치관이나 기업관을 충분히 서론부에 풀어내고 본론부터 회사이야기를 서술한다.

가치관과 기업관을 공부하고, 검색해서 해당회사에 서술하기 적합하다는 것을 알아낸 상황이라고 가정해보자. 그러면 이제 직접 서술에 들어가야 하는데, 우리는 지원동기조차도 역시 '복사+붙여넣기'가 가능한 구조를 만드는 것을 추구해야 한다.

우선 글은 서론부에 내 가치관이나 기업관을 풀어내는 것부터 시작된다. 나에게 그것이 왜 중요하며, 그것을 가진 기업들을 어떻게 바라보고 있는지, 이런 내용을 서술해야 한다. 그래야 단순히 회사를 칭찬하는 글을 넘어서서, 진정성 있는 지원동기를 만들 수 있는 것이다.

EX 🔍 지원동기

1. 글자 수 : 783자/800자
2. 컨셉 : 도전적인 회사
3. 쓸 수 있는 곳 : IT회사&신규서비스가 지속되는 회사(기사/사업보고서 등 확인)

[기업의 도전정신을 바라보라]

　'배운 것이 도둑질'이기에 저는 두 번의 창업을 경험하며 어떤 기업이 추구하는 목표를 바라보고 전진하고 있느냐를 가장 우선시하게 되었습니다. 그리고 두 번째 창업에서 웹 서비스를 운영했기에 서비스 기획과 웹 개발에 대해서 많은 고민을 하였고, 앞선 회사들의 서비스와 웹 구성, 그리고 그 회사들의 도전 정신을 존경하게 됩니다. 회사에서 일한다는 것은 결국 그 회사의 가치관을 존중하면서 함께 성장해나가는 것이라 생각합니다. 그러기에 회사의 가치관과 제 가치관이 일치하는 것이 중요합니다. 저는 회사가 얼마나 도전적인지를 생각합니다. 적어도 IT업계에서 도전적이라는 말은, 사업의 핵심이라고 생각합니다. 변화가 빠른 산업군이기에, 도태되지 않기 위해서는 항상 도전적이어야 합니다.

　○○○○은 후발 주자입니다. 이미 네이버, 다음으로 포털사이트 시장은 공고히 되어 있기에, 더욱 도전적인 액션이 필요합니다. ○○○○은 그 이전에도 다양한 서비스를 해왔지만, 작년에도 신규 서비스가 여럿 있었습니다. 현재 시장 점유율의 반전을 위해서 지속적인 서비스를 내고 있는 모습에 호감을 느꼈고, 제가 그것에 조금이라도 도움이 되어 점유율을 조금이라도 늘려나가면 좋겠다는 생각을 하게 되었습니다.

> 또한 모기업인 ○○○○는 이미 ○○으로 국내의 보안 시장에서 큰 파이를 점
> 유하고 있습니다. 그리고 타 프로그램들 역시 뛰어난 성능을 보이고 있습니다.
> 하지만 그에 안주하지 않고 지금보다 더 큰 성장을 위해 포털사이트 산업에 힘
> 든 도전을 계속하고 있다고 생각하기에 지원하게 되었습니다.

이 글을 보면, 'IT산업군에서는 특히 도전정신을 가진 회사가 중요하다'라는 본인의 확고한 가치관이 존재하고, 그를 서술하기 위해 자신이 그런 가치관을 가지게 된 계기를 서술했다. 충분히 자신의 스토리텔링이 들어가고, 그것을 통해 회사의 장점과 연결 지은 것이다. 그리고 본인이 이 부분에 대해 평상시에 깊은 고민을 했었기 때문에 도전적인 기업이란 것을 평가하기에 알맞은 여러 항목들(신규사업, 신규서비스에 대한 액션, 산업군에서의 점유율, 상위 점유 업체에 대한 도전, 모기업의 안정성 등)에 대해 재빨리 검색해보고, 고민해서 바로 회사가 도전적인 모습을 지녔다는 것을 증명해내었다.

그리고 하나 더 강조할 점이 있다. 글을 보면 IT개발자가 쓴 글답지 않게 프로그래밍 용어가 없다. 이공계 학생들이 글을 쓰다보면 어쩔 수 없이 수업 얘기가 5가지 항목 중 한두 개에는 들어가게 된다. 지원동기까지 절대 그럴 필요가 없다. 앞서 거듭 강조한 것처럼, 지금 서술하는 것은 기업 지원동기지 직무 지원동기가 아니다. 그러므로 기업에 관한 내용만 편하게 작성하면 된다. 그 과정에서 어려운 단어나 전공에서만 쓰일 수 있는 단어들이 들어갈 필요가 있을까? 특히 조심했으면 하는 것이다. 고등학생들도 이해될 수준으로 지원동기를 작성해보자.

물론 처음에는 본인의 가치관과 기업관을 설정하는 데 분명 시간이 많이 필요할 것이다. 하지만 그 세팅 과정이 끝난다면, 누구보다 빠르게 지원동기를 서술할 수 있을 것이라 자신한다.

❶ 본인의 가치관과 기업관 몇 개를 정립해 놓은 후, 자소서를 써야 할 회사가 그것에 해당하는지를 빠르게 검색해본다. 가치관과 기업관이 확고하고, 그것에 대한 공부가 깊어질수록 글은 점점 고도화된다.

❷ 서론부는 다른 회사에도 '복사 + 붙여넣기'를 할 수 있게 구조를 짜고, 본론만 바꾸면서 지원동기를 작성하여 효율을 상승시켜라.

❸ 전공 단어나 프로그램 단어 등 동일 전공자들만 알아볼 수 있는 단어들은 쓰지 않는다. 항상 자기소개서를 첨삭하는 시점에서 어려운 단어가 들어갔는지를 확인하라.

당신을 매력있게 만드는 성장성과 안정성 관점

가장 쉽게 접근 가능한 성장성 관점

가장 많은 취업준비생들이 지원동기에 접근하는 방식이 바로 회사와 산업군의 성장성 관점이다. 여러 가지 이유가 있을 수 있겠지만, 우선 다양한 Factor들이 있어 접근하기 쉽기도 하고, 본인의 열정이나 추진력 등과 엮기에 알맞기 때문이 아닐까 한다. 보통은 해당 회사나 산업군이 성장성이 있기에 지원한다고 언급하고 다양한 패턴으로 그에 대해 증명을 해낸다. 예를 들어 새로운 제품이 계속 나오고 있거나, 점유율이 증가하는 것을 확인하는 방식인데, 그런 증거물들은 작성 당시 뉴스나 기사 등을 검색하면서 찾을 수 있다.

따라서 이런 성장성 관점에 대해서는 여러 Factor와 패턴을 정리해놓는다면 아주 유용하게 서술할 수 있다. 그리고 여러 Factor 중에서 본인의 가치관과 기업관에 적합한 3~4개 정도를 중점적으로 꼽아서 평소에 공부해놓는 것이 중요하다. 공부를 어느 정도 하고 나서, 실제 지원 시점에서는 앞서 Chapter 2에서 말한 것처럼 지원하는 회사가 본인이 미리 준비해놓은 Factor에 해당하는지 여부를 빠르게 스캔한 후, 이에 부합한다면 바로 성장성을 지원동기에 녹일 수 있는 것이다. 다양한 성장성의 Factor들에 대해서는 다음 분석법을 통해 알아보도록 하자.

〈성장성 Factor 분석법〉

분류	순서	Factor	확인 방법
회사	1	높은 매출 성장성	① 3개년, 5개년 매출액 증가율 ② 주력/특정 사업부의 매출액 증가율
	2	높은 영업이익 성장성	① 3개년, 5개년 영업이익 증가율 ② 주력/특정 사업부의 영업이익 증가율
	3	투자 지속성	① 투자액 확인(기계, 공장, IT비용 등) ② M&A 진행 및 가능성 ③ 그룹/회사의 투자 정책 ④ 경쟁사 대비 높은 R&D 비중/규모
	4	(스타트업/대형 투자가 필요한 회사의 경우) 투자 여부, IPO성공 여부	① VC, 혹은 유명 기업의 대형 투자 ② IPO 예정 여부 ③ 선도사와의 공동개발, 공동연구 투자 ④ (스타트업의 경우) 시리즈 a, 시리즈 b 투자 및 투자액 확인
	5	(B2B기업의 경우) 고객사 성장성 및 다변화	① 주요 고객사와의 계약 규모 증가 ② 고객사 매출 증가/고객사 제품 경쟁력/고객사 제품의 시장점유율 ③ 고객사 수의 증가 ④ 대형 고객사와의 계약 ⑤ 고객사와의 긴 신뢰(긴 계약관계)
	6	(B2C) 유통채널의 다각화	① 유통채널의 순증 ② 온라인 비중 및 온라인 매출 증가 ③ 대형 온·오프라인 유통 플랫폼에 입점
	7	시장점유율 / 시장지위	① 5개년간 시장점유율 추이 　• 시장점유율 증가 = 성장성 있음, 점유율 변화가 없더라도 시장 자체가 커지고 있는 상황이면 성장성 있음 ② 높은 시장점유율 　• 시장 선점으로 향후 더 큰 성장 기대 ③ 내수시장 점유율 / 해외시장 점유율 ④ 브랜드 파워, 브랜드 고객 인지도

분류	순서	Factor	확인 방법
회사	8	해외 진출	① 경쟁사 대비 해외진출 국가수 ② 진출 국가수 증가(5개년) ③ 해외매출의 전체 매출대비 기여도 ④ 진출국의 경제성장 ⑤ 해외지사의 이익률, 이익규모 등
	9	그룹 내 시너지	① 그룹 내 수직계열화가 이뤄진 가운데 그 일부인 기업 ② 새로운 시너지가 창출 가능한 회사가 그룹 내 존재한 경우(예: 웹툰 – 영화사)
	10	생산/공정 효율성	① 단일 공장 여부 ② 공정 효율화, 공정 기술 보유 ③ 낮은 불량률
	11	DT에 대한 빠른 전환	① 신규 IT시스템 도입 ② 기존업무의 IT화, Data화
	12	ESG/CSR	① ESG에 대한 관심도 및 성과 ② ESG 인증 여부 ③ 탄소경영 ④ CSR 성과 및 CSR 지원
	13	고부가 가치 산업 여부	① 제품/서비스 당 영업이익률 확인
산업	14	트렌드에 올라탄 산업/회사	① 사회적/경제적으로 사람들이 중요하게 생각하고 있는 제품/서비스군 영위 – 2차전지, 4차산업, AI, 핀테크 등 ② 선진국의 해당 산업 성장 상황
	15	정부 지원/정책의 변화	① 회사/산업에 우호적인 정책 시행 ② 규제 해소 등 정책적 지원 ③ 정부의 통제하에 있는 라이센스 사업
	16	산업주기, 제품생명주기	① 호황기에 접어든 산업군 ② 불황이 끝날 것이라 예상되는 산업군 ③ M/S는 변하지 않지만 산업군의 전체 크기가 성장하는 경우

분류	순서	Factor	확인 방법
제품/서비스	17	제품/서비스의 혁신성	① R&D 비중, R&D 규모 ② 기존과 다른 방식의 제품/서비스 ③ (1위 기업) 기술력의 현격한 차이 ④ 대체재(경쟁사) 대비 우위요소/차별화 전략
	18	시장장악력	① 대체재 및 보완재가 없거나 적음 ② 교섭력 우위의 제품/서비스 ③ 독점 혹은 독과점
	19	신제품/신사업	① 신제품/신사업의 매출 기여도(5년 성장성 등) ② 신제품/신사업의 개수 ③ 신제품/신사업의 혁신성, 성공가능성
	20	플랫폼 소유	① 플랫폼의 M/S ② 플랫폼의 확장 가능성

성장성을 표현할 수 있는 다른 무엇인가가 더 있을 수도 있지만, 표에서 서술한 Factor들이면 일단 성장성에 관해서 언급할 수 있는 대부분의 내용이 들어가 있다고 보면 된다. 이 말인즉슨, 정말로 성장성이 있는 회사라면 이 Factor 내에 해당하는 것이 2~3개는 확실히 있을 것이란 이야기이다. 만약 어떤 회사를 지원할 때 이리 살펴보고, 저리 살펴봐도 해당되는 것이 없다면, 그 회사는 성장성이 없는 회사이니 지원동기 컨셉을 성장성으로 잡지 않는 것이 좋다.

성장성이 있는 회사를 가고 싶다면, 우선 본인이 왜 성장성을 중요하게 생각하는지를 먼저 진솔하게 작성한 후 Factor들 중 2~3가지를 빠르게 체크해보고 서술하면 된다. 그렇게 된다면 최소 두세 가지 관점에서 회사의 성장성을 바라보기에 논리도 탄탄해지고, 본인이 어떤 것에 대해 쓰려는지 목적성이 분명해지기 때문에 뉴스 검색이나 자료 해석에 있어서도 스피드도 개선되어 빠르게 지원동기를 작성할 수 있다.

어떤 관점보다 매력적인 안정성 관점

사실 취업준비생 입장에서 성장성을 버리고 안정성을 지원동기로 쓰기란 어려운 일일지도 모른다. 신입이다 보니 열정과 패기를 보여줘야 할 것 같기도 하고, 안정성은 고루하다는 인식이 있기 때문에 많은 취준생들이 성장성을 택하게 된다.

하지만 실제로 성장성보다는 안정성을 추구하는 성향이거나 혹은 성장성을 기대하기 힘든 산업군/회사를 지원할 때가 있을 수도 있다. 그럴 때는 성장성보다는 안정성 관점을 선택하여 작성하여야 한다.

사실 필자는 취업컨설팅과 더불어 회사 생활을 경험하면 할수록 안정성의 중요성을 제대로 깨닫고 있다. 코로나19 같은 예측하지 못한 경제적 위기가 사회 전반에 도래하거나, 특정 산업군에 커다란 타격이 오거나, 회사가 투자 실패나 사업위축 등의 어려움을 겪는 상황인 경우에는 특히 안정성의 중요성을 뼈저리게 느끼게 된다. 그리고 회사가 성장하기 위해서는 안정성이 탄탄히 뒷받침한다면 더 좋을 것이라 생각한다.

그렇기에 안정성은 가장 기본적인 관점이며, 타 관점으로의 확장에 기반이 되는 매력적인 관점이기도 하다. 정리해보자면 꼭 안정성으로만 서술하지 않고, 안정성과 성장성 Factor 중 하나씩 꺼내어 서술하면서 안정성 기반으로 성장을 가져간다든지, 아니면 성장하고 있는데도 안정성까지 가진 회사라는 방식으로 서술할 수도 있다.

안정성 관점 역시 여러 가지 Factor가 있을 수 있다. 아래 분석법을 통해 알아보자.

⟨안정성 Factor 분석법⟩

분류	순서	Factor	확인 방법
회사	1	안정성 지표	① (경쟁사 대비) 5개년간 부채비율 추이 ② (경쟁사 대비) 5개년간 유동비율 추이 ③ 5개년간 이자보상비율 추이
	2	차입금	① (경쟁사 대비) 차입금의존도 ② 무차입 경영 ③ (대규모 시설투자가 필요한 회사) 순차입금/EBITDA
	3	현금 및 현금성자산 보유 (= 투자 가능 자산 확보)	① (경쟁사 대비) 이익잉여금 수준 ② 현금 보유, 현금화 가능한 자산 보유 ③ (경쟁사 대비) 5개년 EBITDA 추이
	4	업력 및 근속년수	① 긴 업력 ② 긴 근속년수(단, 사무직과 현장직을 분리해서 생각 필요)
	5	그룹사 지배구조 및 지원 가능성	① 오너의 지분율, 오너 자녀의 지분율 ② 모사 지분율, 그룹계열사 지분율 ③ 오너 리스크(리스크가 적을수록 안정적) ④ 해당사가 그룹에서 차지하고 있는 비중 ⑤ 그룹의 규모 및 재무안정성 ⑥ 그룹사와의 내부거래 비중 ⑦ 그룹 오너의 의지, 그룹 비전
	6	(신규투자기업이나 스타트업의 경우) 자본력	① 자본 규모 ② 외부 투자금액, 외부 투자자 수준/지분 ③ IPO 가능성/조달 수준 ④ (스타트업) 시리즈 B, C 투자 여부 및 규모
	7	보수적 기조	① 오너의 성향(뉴스 확인), 오너의 나이 ② 소극적 투자(뉴스 확인) ③ 보수적 기업문화(잡플래닛, 블라인드) ④ 산업군의 보수적 기조

분류	순서	Factor	확인 방법
회사	8	다양한 포트폴리오 영위	① (그룹) 다양한 산업군 영위 ② (회사) 다양한 산업군 영위 ③ (회사) 다양한 제품 포트폴리오 보유 * 해당 산업군/제품의 불황 시기가 다를수록 안정적
	9	지역다각화	① 지역별 판매/생산 체제 보유 ② 수출 국가 수 ③ 생산공장 보유국의 정치적 이슈/지리적 이슈 여부
	10	(B2B) 고객사 성장성 및 다변화 (성장성, 안정성 양쪽 관점)	① 대형 고객사로 확장 ② 고객사의 브랜드 파워/매출성장 ③ 고객사 수의 증가 ④ 내부거래 매출 비중 감소 ⑤ 장기계약 체결 여부
	11	(B2C) 유통채널 다각화 (성장성, 안정성 양쪽 관점)	① 유통채널의 순증 ② 온라인 비중 및 온라인 매출 증가 ③ 대형 온 · 오프라인 유통 플랫폼에 입점
	12	(수주산업의 경우) 수주잔량	① (경쟁사 대비) 수주잔량/매출액 5개년 추이
산업	13	트랜드에 올라탄 산업/회사 (성장성, 안정성 양쪽 관점)	① 사회적/경제적으로 사람들이 중요하게 생각하고 있는 제품/서비스군 영위 　• 장기간 예상되는 트렌드일수록 안정적 ② 국가 정책적 지원 ③ 선진국의 해당 산업 성장 상황과 비교
	14	시장점유율/시장지위	① 독점, 독과점, 반독점 여부 　• 이런 현상이 오래되었을수록 안정적 ② 5개년간 시장점유율 추이 　• 시장점유율 변화가 없을수록 안정적 ③ 높은 시장점유율 ④ 내수시장 점유율/해외시장 점유율 ⑤ (B2C) 브랜드 파워, 브랜드 고객 인지

분류	순서	Factor	확인 방법
산업	15	경쟁사 및 대체재 여부	① 기간산업 ② 기술적, 자본적 문제로 높은 진입장벽 ③ 5개년간 시장점유율 변화 　• 변화가 없다 = 경쟁사가 고정되어 있음 ④ 경쟁사와의 기술/자금력 격차 존재 ⑤ 대체재가 미존재하거나 기술격차 존재 ⑥ 라이센스 사업 ⑦ 해외기업 진출하기에 경제, 정치, 문화, 　지리적 제약이 있는 산업 　• 공장이 있어야 진출 가능한 산업 　• 정책적으로 보호받고 있는 산업 등
	16	(B2B의 경우) 다양한 전/후방 산업	① 고객 산업군 수 ② 전/후방 교섭력 우위 산업 　• 소재 가격 상승 전가 가능 여부 등
	17	산업 및 제품의 수요	① 산업/제품 수명주기 ② 제품/서비스의 낮은 경기민감도 ③ 안정적인 수요 패턴(ex: 통신, 구독 등)
	18	중국 영향	① 중국의 해당 산업 본격 진출 여부 ② 중국 정부 정책

　안정성에 관해 언급할 수 있는 대부분의 내용이 위의 표에 다 들어가 있다고 보면 된다. 18번 중국 영향의 경우, 왜 군이 국가 하나를 별도로 분류해 놨을까 생각할 수 있는데, 국내 산업에서 중국이 갖는 영향력이 정말 어마어마하기 때문이다. 산업 안정성을 말할 때 중국의 영향력을 빼놓을 수는 없다.

　앞서 성장성과 마찬가지로, 회사가 정말 안정성이 있다면 위 Factor 내에 해당하는 것이 2~3개 이상은 분명히 존재할 것이다. 역시 '본인이 왜 안정성을 중요하게 생각하는지'를 먼저 서술한 후, 위 Factor들 중 2~3가지를 빠르게 체크하여 서술해보자. 위의 10, 11, 13번을 보면 알겠지만 같은

Factor일지라도 내가 성장성을 바라보느냐, 안정성으로 바라보느냐에 따라 양쪽 관점 전부 사용 가능한 것도 있다. 자신이 어떤 회사를 가고 싶고, 왜 가고 싶은지 그 이유를 잘 정립해놓은 후 회사를 바라본다면, 같은 지표를 보고도 다르게 해석할 수 있다는 뜻이다. 그러므로 자신의 생각을 먼저 잘 정립해놓자. 그것이 시작이다.

아래 예시 자료를 보면서 초반부 Bridge 문장의 접근법이나 안정성 Factor의 실제 활용에 대해서 살펴보도록 하자.

EX 🔍 안정성 Factor를 활용한 지원동기 예시

1. **글자 수** : 780자/800자
2. **컨셉** : ESG를 이뤄낼 수 있는 투자여력을 가진 회사(정부 정책, 기간산업, 시장 점유율)
3. **쓸 수 있는 곳** : 안정성이 있는 회사(Factor 변경을 통해 맞춤식으로 찾기)

[새로운 시대를 맞이할 수 있는 단단한 기업]

현 시대의 거부할 수 없는 트렌드는 ESG 및 온실 감축이라고 생각하고 있습니다. 이에 따라 탄소 배출이 심한 시멘트업에서도 대대적인 공정개선이 필요할 것입니다. 기계학도로서 회사의 공정혁신에 기여하고, 나아가서는 자원순환 사회에 기여한다는 목표를 가지고 있습니다. 하지만 그러기 위해서는 대규모의 투자가 필요하며, 그에 따라 회사가 투자를 감내할 수 있는 기초체력이 있는지가 가장 중요할 것입니다. 저는 이런 투자를 감내하고, 새로운 탄소경영 시대에서 살아남을 수 있는 기업을 선택하고 싶었습니다. 그리고 *****은 다음 두 가지 측면에서 그 기준에 부합하였습니다.

첫 번째로 정부의 부동산 정책에 의하여 수주확대가 예상되기 때문입니다. 현 정부의 주거 정책이 비판받고 있는 가운데, 다음 대선 결과와 관계없이 주택 공급은 지속될 것으로 보입니다. 이에 따라 수요가 급증할 것으로 예상되기 때문에 시멘트 산업은 다시금 활황기로 접어들 것이며, 향후 몇 년간 매출은 크게 증가될 것이라 생각합니다.

두 번째로 기간산업으로 진입장벽이 아주 높아 신규 회사가 진출하기 힘들며, 이 때문에 6개 회사의 국내 점유율이 안정적으로 유지되고 있기 때문입니다. 특히 *****은 그중에서도 지속적으로 재건축과 재개발이 이뤄지고 있는 경기도 남부와 영남권 중심으로 M/S 기준 3위 수준을 점유하고 있습니다. 지난 10년간 유지되어온 M/S와 이를 바탕으로 차근히 쌓여온 자본력은 다음 10년과, 그다음 20년을 버티게 만들어줄 체력이 될 것입니다.

먼저 안정성이 있는 회사를 지원하는 "나만의 이유"에 대해서 서론에 명기를 했다. 다소 어려워 보일 수 있겠지만, ESG와 온실 감축이라는 거시적인 트렌드를 Bridge 문장으로 끌어 썼으며, 이 트렌드를 이뤄내기 위해서 투자 여력이 충분해야 한다는 논리를 끌어갔다. 그리고 해당 회사가 안정성의 Factor 중 우호적인 정부정책 및 기간산업으로 시장점유율을 가지고 있는 회사였기 때문에 그를 명시해서 서술한 것이다.

이렇게 서론에 Bridge 문장만 작성해놓는다면 훨씬 편하게 쓸 수 있다. 가장 먼저 할 일은 자신이 회사를 선택하는 방향성에 맞게 서론부 Bridge 문장을 작성하고 성장성이나 안정성 Factor에 해당하는 몇 가지를 능숙히 다룰 수 있게 공부하는 일이다. 본인이 끌리고 잘 알 것 같은 Factor들을 먼저 공부한 후에, 해당 회사에서 재빨리 그 부분만 끄집어내어 지원동기를 서술해 보자. 물론 성장성과 안정성만이 전부는 아니므로, 기업문화, 여성을 우대하는 문화 등 다른 관점들도 챙겨놓으면 좋다. 다만 안정성과 성장성이 가장 접근이 쉽다는 점 때문에 이렇게 Factor를 분석했을 뿐이다.

❶ 성장성과 안정성에는 정말 다양한 Factor가 존재한다. 그리고 정말 성장성이 있는 회사라면 그 Factor에 최소 2~3가지는 해당되는 것이 있을 것이다.

❷ Factor 중 몇 가지를 능숙하게 다룰 수 있게 공부한 후, 지원동기를 써야 할 기업이 해당되는지 찾아본다. 성장성이나 안정성이 가장 접근하기 쉬운데, 다른 관점들도 이렇게 Factor들을 생각해놓고 그 부분만 재빨리 찾아서 지원동기를 써보자.

❸ 주의해야 할 점은 항상 경쟁사 대비로 생각해야 한다는 것. 그 회사가 매출액이 10%씩 성장했더라도 경쟁사가 20% 성장했다면 당연히 쓰면 안 된다.

지원 분야, 조금 더
Deep하게 접근하기

    이공계의 여러 학과들은 이미 산업군이 한정되어 있는 경우가 많다. 예를 들어 토목이나 도시공학의 경우 대다수가 건설업계에 취업하고, 전기전자학과는 전력/통신/반도체/로봇 등의 분야로 취업하며, 식품영양학과 같은 경우는 식품업 외에 선택지가 존재하지 않는다. 물론 대부분의 산업에서 필요한 기계공학과나 화학공학, 신소재, 컴퓨터공학 등도 있지만 이런 학과들의 학생들도 대학 때 관심 있는 수업이나 준비한 자격증 등에 의해서 4학년 때 어느 정도 본인이 가고자 하는 산업의 범위를 좁혀 놓는 경우가 많다.

    이것은 학과가 정해지지 않고 지원부터 시작하는 문과계열 학생들과 큰 차이를 보이는 점인데, 그렇기 때문에 산업에 대한 정보와 본인의 방향성을 학부 내내 쌓을 수 있는 장점이 있지만 반대로 경쟁자들 역시 산업에 대한 조예가 깊은 상태에서 자기소개서를 서술한다는 단점 역시 존재한다. 이런 경쟁 상황에서 지원동기 서술에 우위를 점하기 위해서 이미 정해진 산업에 대해 조금 더 Deep하게 접근하는 방법을 알려주도록 하겠다.

❶ 신용평가 사이트의 '산업별 평가방법론' 활용
❷ 주식 애널리스트들이 작성한 해당 산업에 관한 분석 활용

두 가지 방법이 가장 빠르게 해당 산업에서 중요하게 생각하는 기본과 트렌드를 읽을 수 있는 방법이다. 다만 이 방법은 시간이 오래 소요되기 때문에 산업군이 정해지지 않고 여러 곳을 써야하는 상황에서는 적합하지 않다. 문과 계열 학생들에게는 면접을 준비할 때 알려주는 노하우이지만, 앞서 말한 산업군이 어느 정도 정해진 이공계 학생들은 면접 단계뿐만 아니라 서류 단계부터 공부하여 활용해보기를 바란다.

신용평가 사이트의 '산업별 평가방법론' 활용

뉴스나 신문에서 '무디스, 한국 국가신용등급 AA2 유지'라든지, 'ㅇㅇ기업 신용평가 등급 AA로 강등' 같은 글을 본 적이 있을 것이다. 여기서 AA2나 AA와 같은 문자가 신용평가회사가 국가나 기업을 평가한 점수이다. 회사가 회사채를 국가가 국채를 발행하기 위해서나 회사채와 국채의 이자율을 정하고 투자자를 유치하기 위해서는 공신력 있는 지표가 필요하고, 그것을 신용평가회사들이 수행하는 것이다. 현재 무디스, 피치 같은 전 세계적으로 공신력이 있는 신용평가회사들이 국가와 세계 유수 대기업들의 신용평가등급을 내고 있다. 우리나라의 경우에는 한국신용평가(이하 한신평), 한국기업평가(이하 한기평), 나이스신용평가(이하 나신평)라는 3개 회사가 독과점을 이루고 있다. 우리나라에 있는 수많은 기업들 중 회사채를 발행해야 하거나, 아니면 법적으로 꼭 신용평가를 받아야 하는 상황에 있는 회사들은 신용평가 3사에 의뢰하여 1년에 한 번씩 갱신한다.

여기서 중요한 말은 신용평가를 필요로 하는 회사가 '의뢰'한다는 말인데,

신용평가회사가 의뢰를 받고 나면 해당 회사에 재무 상세지표나 생산현황 같은 외부에서는 구할 수 없는 여러 자료를 요구하게 된다. 회사는 해당 자료를 작성해서 보내주고, 신용평가사에서는 자기 회사의 LOGIC을 통해 그를 검증한다. 필요에 따라서는 해당 회사 임직원 인터뷰까지 진행하며 여러 방면으로 해당 회사와 산업에 대해서 판단한다. 그리고 그 결과에 대해 평가를 내려 최종 평가등급을 산출하고 공개한다. 즉, 최고의 전문가들이 시중에서 구하기 힘든 여러 자료를 바탕으로 쓴 글이 평가사의 자료에 녹아져 있다는 뜻이다.

지금 여기서 서술하려 하는 것은 어떤 특정 회사에 대한 자료를 보려고 하는 것이 아니다. 우리가 하고자 하는 일은 산업을 Deep하게 분석하는 일, 그렇기에 신용평가사가 평가를 내릴 때 쓰는 산업별 LOGIC을 공부하면서 산업의 이해도를 높이고자 한다. 그것이 바로 '산업별 평가 방법론'이다. 아래 소개하는 사이트에 한번 접속해보자.

〈한국신용평가 평가방법론 : 구분에 기업, 금융 선택〉

https://www.kisrating.com/research/evaluation_methodology.do

〈나이스신용평가 평가방법론〉

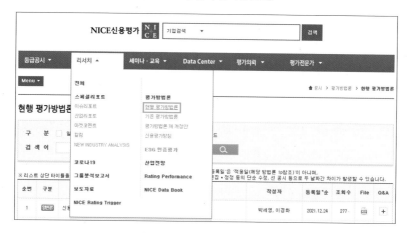

https://www.nicerating.com/disclosure/currentAssessment.do

산업마다 속해 있는 회사의 사이즈도 다르고, 산업의 특수성 때문에 봐야 하는 것이 다르다. 예를 들어 항공 운송회사에서는 비행기를 리스해야 하는데 이를 전부 자신의 자본으로 충당할 수 있는 회사는 없다. 그래서 일반적인 제조업 대비 부채가 아주 높다. 또한 건설사의 경우 자체개발 사업과 도급사업이라는 타 산업에는 없는 특이한 구조를 가지고 있다. 이러한 산업의 특수성에 따라 회사를 평가하는 방법이 달라져야 하기 때문에 산업 평가방법론이 존재하는 것이다.

자세한 설명을 위해서 나이스신용평가(이하 나신평)에서 도시가스 산업의 평가방법론을 예시로 들어보겠다.

〈나이스신용평가 도시가스 산업 평가요소〉

[평가요소와 신용등급간 대응관계]

범주	하위범주	평가지표	가중치	AAA	AA	A	BBB	BB	B 이하
	산업위험		5%			O			
사업위험	경쟁지위	매출액	20%	>1.5조원	8천억원~1.5조원	5~8천억원	3~5천억원	1~3천억원	<1천억원
		공급권역	20%	서울 핵심 주거지	서울 내 또는 수도권 주요 주거지역	지방 대도시	지방 중소도시	지방 소도시	-
		다각화수준 및 위험분산효과	20%	극히 우수	매우 우수	우수	보통	미흡	매우 미흡
		공급량/세관망 (㎖/m)	20%	>1,000	600~1,000	400~600	300~400	200~300	<200
		EBITDA/매출액	15%	>10%	5~10%	3~5%	1~3%	0~1%	<0%
재무위험	금융비용 Coverage	EBITDA/금융비용	20%	>20배	10~20배	7~10배	4~7배	1~4배	<1배
	재무구조 및 자산의 질	순차입금의존도	15%	<10%	10~20%	20~30%	30~40%	40~50%	>50%
		자기자본 규모	15%	>1조원	5천억원~1조원	2~5천억원	1~2천억원	300억원~1천억원	<300억원
	현금흐름	영업현금흐름 규모	30%	>1,000억원	500~1,000억원	300~500억원	100~300억원	0~100억원	<0
		재무적 융통성	20%	극히 우수	매우 우수	우수	양호	미흡	매우 미흡

이 표는 나신평의 발전사업 평가방법론 중 일부를 발췌한 것이다. 이는 도시가스 회사의 등급을 평가할 때 어떤 지표들을 보는지를 정리해놓은 것으로, 예를 들어 공급권역이 서울 핵심 주거지에 속해 있다면 AAA를 주고 그것의 가중치인 20%가 적용된다는 뜻이다. 다른 지표 역시 각각 가중치가 있으며, 평가지표상 AAA~B 이하에 해당하는 것들에 대해서 정량적이거나 정성적인 측정값들을 분류해놓았고, 이런 측정값들의 합으로 최종 등급을 산출하게 된다. 그리고 파일의 본문에서는 해당 지표들이 왜 중요한지, 그리고 현재 등급을 받아 놓은 산업군의 회사들은 각각의 지표에서 어떤 점수를 받았는지도 전부 나와 있다.

즉, 해당 산업을 바라볼 때 가장 중요한 데이터가 이 파일에 모두 녹여져 있다는 뜻이기도 하다. 도시가스 산업에 대해서 공부하고자 한다면 이 파일을 제대로 읽어보고 분석한 후, 향후 그 산업에 속한 자기소개서를 쓸 때 분석한 내용을 바탕으로 지원동기를 서술하면 된다.

예를 들면 해당 기업의 공급량/배관망(m^2/m)이 높은지 낮은지로 운영효율성을 평가하고, 사업다각화 수준을 판단하며 글을 서술한다. 이를 자기소개서에서 활용한다면, "○○○○는 공급권역이 인천과 경기 지역 등 수도권 주요 지역에 위치하고 있으며, 최근 3년간 매출액 대비 EBITDA가 10%를 넘어서며 가장 효율적인 운영을 보이고 있는 회사입니다"라든지, "도시가스 사업은 보급률의 포화로 성장이 둔화되고 있기에 사업다변화가 중요하다고 알고 있습니다. 귀사는 ○○시에서 집단에너지 사업을 영위하고 있으며, 자회사 ○○○, ○○○을 통해 LNG발전소도 영위하고 있기에 다각화 정도가 매우 뛰어 납니다"와 같은 Edge있는 이야기가 나올 수 있는 것이다.

또 파일의 본문 내 산업 위험 평가근거에서 해당 산업의 간략한 역사와 함께 거시적 트렌드를 확인할 수 있다는 장점도 있다.

〈나이스신용평가 도시가스 산업 산업위험 평가 근거〉

지면 관계상 생략했지만, 나신평에서는 도시가스 사업에 대해서 5가지의 근거를 들어가며 산업위험을 A로 평가했다. 그 안에는 정책적 규제, 시장구조, 경기 민감도 등이 자세히 서술되어 있어 산업에 대한 기본 지식을 얻기에 좋다. 또한 평가요소의 각 평가지표가 왜 중요한지에 대해서도 상세히 서술되어 있다. 예를 들어 도시가스 산업에서 평가지표 중 하나인 '공급권역'이 중요한 이유는 아래와 같이 서술되어 있다.

〈나이스신용평가 전선산업 공급권역 설명〉

공급권역	**평가요소의 분석적 의의**
	도시가스 회사는 중복 투자 방지를 위해 지역 독점권을 가지게 되므로 대부분의 도시가스회사들의 사업안정성은 높은 수준이다. 하지만, 공급권역의 인구유입력에 따라 회사간 사업안정성은 다소 차이가 난다. 인구유입력이 높은 서울 및 수도권 핵심 주거지역의 경우 보급률 포화로 성장성은 다소 낮으나, 수요안정성은 매우 높다. 반면 지방의 경우 경우 수도권에 비해 인구유입력 및 밀집도가 다소 열위하여 수요안정성 및 효율성이 낮은 것이 일반적이다. 다만, 사업환경 및 재무구조가 열위한 지방도시가스 회사들에 대해서는 수도권 회사에 비해 높은 공급비용(공급마진)을 책정받고 있어 본 지표와 수익성 지표는 보완관계에 있다.
	평가지표의 기준 및 적용
	삼천리는 인천시 5개구와 용인, 화성, 수원 등 13개 시 등 인구유입력이 높은 서울 및 경기 지역 인구밀집지역을 주요 공급권역으로 하고 있어 수요안정성은 매우 높은 것으로 판단된다. 다만, 대성에너지는 지방지역인 대구 및 경산 일부 지역을 공급권역으로 하고 있어, 수도권 회사에 비해서는 수요 안정성이 다소 낮은 것으로 평가된다.

[공급권역 등급별 기준 및 적용]

구분	AAA	AA	A	BBB	BB	B 이하
공급권역	서울 핵심 주거지	서울 내 또는 수도권 주요 주거지역	지방 대도시	지방 중소도시	지방 소도시	·
삼천리		○				

이처럼 본문 내용을 꼼꼼히 본다면 산업에 대한 이해도를 높여나갈 수 있다. 신용평가별로 조금씩 양식은 다르지만 비슷한 논조로 되어 있다. 산업군은 약 40개 전후로 분류되어 있어 모든 산업군이 나오는 것은 아니다. 하지만 자동차부품, 항공운송, 건설, 시멘트 등 굵직한 산업들은 대부분 나와 있으니 이를 통해 산업에 대한 공부를 철저히 해보길 권한다.

주식 애널리스트들이 작성한 해당 산업에 관한 분석 활용

주식 애널리스트의 보고서 중에 산업 분석이 정말 잘된 보고서들이 있다. 특히 최근 이슈가 되고 있는 산업군은 정말 양질의 분석이 많이 올라온다. 하지만 상장사가 많지 않은 산업의 경우 분석이 적다는 점, 하루에도 수십 개가 넘게 쏟아지는 애널리스트의 보고서 중에서 좋은 보고서를 찾아내기가 어렵다는 점, 마지막으로 애널리스트의 보고서를 어디서 구해야 하는지 모른다는 점에서 제약이 있을 수 있다. 이런 제약에 대해 해결책을 제시하려고 한다.

애널리스트들은 증권 회사에 속해 있는 산업 및 기업 분석 전문가이다. 따라서 증권 회사를 사용하는 고객들에게 제공하기 위한 자료를 전문적으로 만든다. 증권 회사 고객에게 제공하는 분석 보고서이기 때문에 해당 증권사에 가입한다면 응당 받을 수 있겠지만, 증권사가 한두 개도 아니고, 10개도 족히 넘는 증권사에 전부 가입하기는 무리다. 특히 아직 취업준비생 신분이고, 경제나 주식에 별 관심이 없다면 있을지 없을지도 모를 분석 보고서 하나 보자고 새로 가입하는 것은 무리일 것이다.

모든 증권사에 가입을 하지 않고 무료로 애널리스트의 분석 보고서를 구할 수 있는 세 곳이 있다. 첫 번째는 구글링을 이용하는 방법인데, 효율이 너무 떨어지므로 이 방법은 넘어가자. 두 번째는 바로 한경 컨센서스이다.

<한경 컨센서스>

한경 컨센서스는 한국 경제에서 무료로 운영하는 사이트인데, 여러 증권사가 발행하는 보고서를 모아서 볼 수 있다. 특히 위 예시의 '산업'탭에 가서 3개월 내 해당 산업 보고서를 살펴보면 최신 트렌드 파악이나 기술적 설명 등이 적힌 양질의 보고서도 찾을 수 있다. 다만 단점은 메리츠/키움/이베스트/유안타/유진 증권의 보고서만 올라온다는 점이다. 미래에셋/DB/신한 등의 수많은 증권사가 더 있지만 그 증권사들을 모아볼 수 있는 무료 사이트는 없다. 에프엔가이드라는 유료 사이트가 있긴 하나 많이 비싸고, 그 비용을 지불할 만한 가치는 없다고 본다. 이 정도면 충분할 수 있지만 그래도 아쉽다면 세 번째 방법이 있다.

세 번째는 바로 텔레그램에서 증권사 리서치나 애널리스트 방에 들어가 정보를 받아보는 것이다. 애널리스트 개별적으로 혹은 증권사에서 조직적으로 텔레그램 방들을 운영하고 있다. 텔레그램의 특성상 방장만 일방적으로 글을 올리는 방식이기 때문에 정보를 얻기에 아주 깔끔하다. 접속 방법은 구글에 '텔레그램 애널리스트'만 검색해도 주소들이 쫙 나온다. 지원할 산업군에 해당하는 애널리스트들의 방이나 산업 리서치 방에 들어가면 된다. 현재(2022년) 시점에서 필자의 추천으로는 한경 컨센서스에서 볼 수 있는 증권사를 제외하고는 신한, SK, KTB 등에 괜찮은 리포트가 많이 올라 왔으니 참고하기 바란다. 우선 들어가보면 매일 시황자료가 올라오는데 그런 지엽적인 지표보다는 가끔 올라오는 양질의 분석 보고서에 주목하자. 우리가 알아야 할 것은 주식이 아니라 산업이다.

산업군을 공부하는 방법에 대해서 설명해보았다. 선배들이나 학과 공부를 통해 배운 내용들 중에 여기서 말한 산업 평가방법론이나 애널리스트의 분석보다 더 자세하고 좋은 내용도 있을 것이다. 그런 고급 정보가 있다면 자기소개서에 꼭 활용하고, 만약 없을 경우에는 해당 공부법을 꼭 진행해보길 바란다. 공부해보면 알겠지만, 신용평가사의 산업평가방법론의 경우 조회 수가 500도 되지 않는 글들이 허다하다. 사람들에게 잘 알려져 있지 않다는 소리다. 남들이 다 아는 내용이 아니기에, 제대로 흡수하여 사용할 수 있다면 위력은 배가 된다. 필자는 방법을 알려준 것일 뿐 실행은 여러분에게 달렸다. 한번 시도해 보자.

지원동기 작성 꿀팁

❶ 학과에 따라 이미 지원할 산업이 정해져 있다면, 남들이 많이 보지 않는 양질의 보고서를 통해서 산업에 대한 이해도를 극한으로 끌어 올리자.

❷ 신용평가사의 수준 높은 산업평가방법론을 통해 산업에 대해 꼼꼼히 공부하자.

❸ 애널리스트의 분석 보고서는 한경 컨센서스와 텔레그램의 리서치방/애널리스트방에서 얻을 수 있다. 분석 보고서를 보며 최신 트렌드를 익히자.

나와 회사의 접점, 이 수준으로 쓰기

　지원동기를 쓰는 방법은 여러 가지인데, 가장 효과가 좋은 것은 지원자와 회사의 접점을 서술하는 방식이다. 앞서 소개한 전공에 관련된 사항이나 성장성, 안정성 등의 방법으로 서술하는 것은 지원동기를 빨리 쓰기 위한 방법이라 아무래도 회사에 맞춰 글을 서술한다는 느낌을 줄 수밖에 없다. 서류를 검토하는 인사팀들은 뉴스를 검색해서 알게 된 내용들로 회사를 칭찬하는 비슷한 내용의 지원동기를 너무도 많이 읽어왔기 때문에 지원자와 회사의 접점이 그려지는 이야기, 본인의 스토리텔링이 가미된 생생한 이야기를 보면 확 끌림을 받기 마련이다.

　그런데 그 접점이 너무 뻔하거나, 거짓말이거나, 거짓까지는 아니더라도 과장해서 쓰는 경우가 너무 많기 때문에 문제가 발생한다. 분명 그 시절에는 그렇게 생각하지 않았던 일들을 취업준비생 시절인 지금에 와서 거짓으로 서술하거나, 아니면 정말 작은 일에 불과했던 것을 현재 시점에 와서 의미를 부여하며 쓰기 때문에 일어나는 참사일 것이다.

　빙그레의 지원동기로 '어렸을 적 목욕탕에서 목욕을 마치고 마셨던 바나나우유와의 추억'을 서술한다든지, 넥슨의 지원동기로 '던전앤파이터를 하며 온라인으로 친구를 만들었던 이야기', 현대자동차 지원동기로 '크로아티아

자그레브에서 본 현대자동차의 대형 광고판에 감동을 느꼈던 때' 등의 예시는 쓰면 안 된다. 너무 식상하기도 하고 누구든 그 장소, 그 상황이면 경험할 수 있었던 일들을 지금 와서 인상 깊었던 것처럼 쓰는 것은 자제해야 한다. 우리가 쓰는 것은 소설이 아니다. 자기소개서에는 본인의 이야기, 본인의 가치관을 서술해야 한다.

대부분의 상황에서 회사와의 접점을 서술하는 것은 실패할 확률이 높다. 정말로 내 인생을 뒤바꾼 경험이 있다면, 그리고 그 경험을 서술하면서 상대가 나와 동질감을 느낄 수 있는 수준으로까지 잘 쓸 수 있다면 모르겠지만, 그런 수준이 아니라면 회사와 나의 접점으로 지원동기를 쓰지 않는 것이 낫다. 그리고 그 접점을 통해서 내가 그 회사를 가고 싶은 이유가 명확히 드러나도록 쓰는 것이 중요하다. 즉, '가치관'이나 '기업관'이 서술되어야 한다는 말이다. 단순히 기업과의 이야기로만 끝나면 안 된다. 단지 경험은 경험으로만 활용하고, 그 글 속에서 내가 가고 싶은 회사가 어떤 곳인지가 진하게 느껴져야 한다. 다음 예시를 한번 살펴보자.

EX 🔍 회사와 나의 접점을 서술한 지원동기 예시

1. **글자 수 :** 687자/700자
2. **컨셉 :** 인간에 대한 존중이 있는 회사
3. **쓸 수 있는 곳 :** 나와 접점이 있는 회사(○○기업 건설현장에서 현장소장과의 일화)

[하나를 보면 열을 알게 된다]

대학교 1학년을 마치고 군대를 가기 전의 일입니다. 제가 앞으로 몸담을 토목공사 현장을 미리 알고 싶었고, 또 복학 이후의 학비를 벌어놓고 싶어 반포 ○○ 건설현장에서 6개월간 막노동을 했던 적이 있습니다. 저는 당시 현장소장님께서 저희들을 대하는 모습을 보며, 그 이후로 쭉 ○○ 입사를 꿈꿔 왔습니다.

엄청나게 무더웠던, 7월 말의 하루였습니다. 오전 공사를 끝내고 점심을 먹은 후 공사현장의 그늘막에서 저를 포함한 인부들이 쉬고 있을 때였습니다. 그때 현장을 점검하고 내려오시던 현장소장님이 그늘막으로 오셨고, 뒤이어 미안한 표정으로 저희에게 얘기하셨습니다. "너무 더우시죠? 아직 전기 배선이 들어오지 못했지만, 곧 들어오고 나면 커다란 선풍기들을 설치해서 더위를 조금이나마 잊게 해드리겠습니다. 더운데 정말 고생 많습니다." 그러고는 꾸벅 인사하셨습니다. 저희는 하청업체의 일꾼일 뿐이었는데, 아버지뻘 되시는 소장님께서 그리 정중히 대해주셨습니다. 그렇다면, 과연 ○○ 내부 인원들은 얼마나 서로를 존중하고, 존중받을까 그런 생각을 쭉 해왔습니다.

취업준비생인 지금 시점에서, 제가 꿈꾸는 이상적인 회사는 직원이 존중받는 회사입니다. 21살이던 7년 전, 제가 공사현장에서 느꼈던 감동처럼, ○○에 입사해서 누군가에게 그런 감동을 주는 존재가 되겠습니다. 꼭 함께 하고 싶습니다.

해당 지원동기를 썼던 친구는 토목공학과 학생이었고, 현장을 경험하던 와중에 건설사 현장소장과의 접점이 생겼던 경우이다. 그리고 진짜로 진한 감동을 느꼈기 때문에 그 감동을 서술하려고 노력했다. 특히 반포 ○○ 현장은 그 회사에서도 아주 중요한 현장이었기 때문에 현장소장이 전무급으로 높은 임원이었다. 그래서 더욱더 그 회사를 좋게 볼 수 있었고, 취업 준비를 하는 내내 가장 가고 싶은 회사라고 말해왔다. 즉, 그때의 경험과 그때 느낀 감정들이 거짓말이 아니란 얘기이다.

지원동기에 회사와 자신과의 접점을 쓰고 싶다면, 저 정도 수준은 되어야 한다. 그리고 글을 읽으면 느껴지겠지만, 내가 어떤 회사를 가고 싶은지에 대한 스토리텔링을 글 속에서 느낄 수 있게 구성해놓았다.

필자는 항상 '솔직함'을 강조한다. 자신만의 진짜 스토리, 진짜 이야기를 써야 한다. 그 경험이 남이 보기에 작든, 별것이 아니라고 느껴지든, 그것은 중요하지 않다. 내게 중요했던 경험, 나의 삶이나 가치관을 뒤흔든 경험이라면 그것을 쓰는 것이 옳다. 너무 큰 경험이 아니어도 괜찮다. 내가 얻고 배우고, 느낀 것이 중요하다. 지원동기 역시 그렇다. 글을 읽는 상대로 하여금 동질감을 느끼게 하고, 나와 같은 곳을 바라보게 만들기 위해서는 내가 느낀 것이 진짜여야 하며, 그것을 진솔히 서술해서 상대의 고개를 끄덕이게 만들어야 한다. 그것이 자기소개서의 본질이라고 생각한다. 물론 자기소개서뿐만 아니라 면접 과정에서도 매우 중요한, 인간관계의 본질이기도 하다.

지금까지 본인이 당시에 느끼지도 못했던 것을 억지로 엮고 지어내서 지원동기를 작성했다면 이제는 그만두어야 한다. 차라리 다소 딱딱할지라도 앞서 언급한 학과와 산업과의 관계, 성장성, 안정성 같은 것을 강조했으면 한다. 정말 나와의 접점이 있어 술술 글을 써내려갈 수 있는 그런 회사들만 접점을 활용하여 지원동기를 쓰자. 그렇게 인사담당자를 감동시켜라. 그것이 진짜 지원동기이다.

회사와의 접점 찾기 꿀팁

❶ 나와 회사의 접점은 억지로 만들어내거나 현재 시점에서 쥐어짜내 만드는 것이 결코 아니다. 그 회사 또는 그 회사의 제품으로 인하여 나의 가치관이 변했거나, 삶이 바뀌었던 경험이 있다면, 그것이 아무리 작은 경험이라도 진솔하게 서술해보는 것이다.

❷ 경험은 소재로만 활용해야 하며, 결국은 내가 회사를 선택한 이유가 드러나야 한다. 그냥 '그 회사랑 엮인 경험이 있어서'로 끝나버리는 글이라면 그것은 지원동기로 적합하지 않다.

PART

03

직무적합성, 실무진 완벽하게 이해하기

합격하고 싶다면,
이제는 직무분석부터

　처음 취업을 접하게 되는 취업준비생들에게 직무라는 것은 생소한 영역일 수 있다. 건축, 토목공학이나 식품영양학 같은 특수 학과라면 물론 대학 생활 중에 충분히 산업에 대한 정보와 내가 가서 어떤 일을 할지에 대한 정보를 얻었을 것이다. 하지만 대다수의 이공계 취업준비생들은 산업군은 어느 정도 정해진 케이스는 있더라도 직무에 있어서는 상당한 선택권을 쥐고 있을 가능성이 높다. 예를 들어 기계공학과라고 한다면, 생산관리를 필두로 생산기획, 생산기술, 공정기획, 연구개발, 품질관리, 기계설계나 기술영업까지도 확장될 수 있다. 따라서 생산관리가 정확히 어떤 일을 하는지, 생산기술은 무엇을 하고, 기계설계란 직무는 왜 어떤 회사에는 없는지, 품질관리를 지원하려면 내 학과에서는 어떤 산업군만 할 수 있는지 이런 궁금증들을 갖게 될 것이다.

　특히 회사의 크기와 산업군, 그리고 회사가 처한 상황에 따라서 각 직무의 R&R(Role&Responsibility)이 조금씩 차이가 나기 때문에 완벽히 직무를 공부하기란 어려운 일이다. 그래서 여러 회사에서 낸 각각의 공고들을 볼 때마다 혼란을 느끼곤 한다.

　예를 들어, 컴퓨터공학과가 지원할 수 있는 IT개발 직무만 하더라도 아래

표처럼 다양하게 분류될 수 있으며, 이러한 세부분류 역시 또 모든 회사에
동일하게 적용되는 것도 아니다. 어떤 회사는 해당 직무가 있기도 하고, 없
을 수도 있으며, 어떤 회사에서는 중요하게 생각하고, 또 어떤 회사에서는
중요도가 떨어지는 직무일 수도 있다.

〈IT개발 직무 분류〉

	직무명	주요 업무	상세 설명
Product 기준	Web개발자	Web환경에서 개발 수행	• 인터넷Web, 모바일Web에서 서비스 구현 – 데이터분석 및 시각화 Web서비스 구축 등
	App개발자 (안드로이드, iOS)	Mobile환경에서 개발 수행	• 운영체계에 따라 안드로이드, iOS 등에서 시각화 서비스 구축 • App을 만드는 방식에 따라 네이티브(App자체 동작), 하이브리드(App에서 Web뷰를 띄워서 동작)로 분류
R&R 기준	Front end 개발자 (舊, 클라이언트 개발자)	유저가 서비스를 사용할 수 있는 인터페이스 구현	• 서버에서 API 통해 데이터를 받아와서 웹/모바일상에서 UI(인터페이스)를 표시하고 띄우는 역할 • 사용자의 입력에 대한 동적표현, 효과 구현 등
	Back end 개발자 (舊, 서버개발자)	서버 개발, API 설계 및 개발	• 데이터 처리 및 데이터베이스와 통신하는 서버(주로 Web서버) 개발 • Web과 App상 API 설계/개발 • Front end의 요청이 오면 데이터(결과값)를 전달
	Full Stack 개발자	Front end와 Back end 담당 업무 수행	• 양쪽 업무를 동시 수행할 수 있는 인력을 뜻하는 말, 제대로 된 Full Stack개발자라면 좋은 대우를 받을 수 있음 • 실제로는 Front end – Back end 중 하나만 하기에도 버거워하는 추세

R&R 기준	**DevOps 개발자**	Back end와 인프라 업무를 수행	• 디벨로퍼와 오퍼레이션의 합성어 • 스타트업 회사 R&R에 따라 Back end와 인프라를 같이 하는 사람을 지칭하는 직무였음 • 현재 대형 회사의 경우 Back end와 인프라의 중간조율 역할 및 소프트웨어의 CI(지속적통합)/CD(지속적배포) 역할이 추가 되기도 함
	인프라 엔지니어	서버관리, 서버 내 네트워크 관리	• 클라우드시스템 엔지니어, 플랫폼 운영엔지니어 등 회사/세부 상품군마다 다양한 명칭으로 불림 • 개발자 범주에 포함되나, 상기의 Front end, Back end개발자와는 다른 부류
	AI 개발자	AI 알고리즘 개발	• AI를 학습시켜 능력을 넣었을 때 제대로 된 답을 도출하게 하는 알고리즘을 개발 • 빅데이터 개발자의 경우 AI개발을 위한 전초단계이므로 생략

※ IT개발이 아닌 IT기획, 정보보안, ERP운영 등은 제외

물론 IT개발자가 되려는 상황에서는 우선 직무보다는 학부생 내지는 석사 시절 갈고닦은 Skill-Set에 맞춰 지원해야 할 수도 있다. 애초에 직무 방향성을 정해놓은 상태에서 JAVA나 Kotlin, C++이나 Python 등의 툴을 공부했었을 것이다. 그래서 위 표의 직무보다는 각 회사가 원하는 역량에 맞춰 지원하는 것이 일반적인 취준생들의 모습이다.

하지만 그렇게 틀에 맞춰 지원하기 이전에, 직무에 대한 공부가 선행된다면 그 이후의 삶이나 합격률이 훨씬 상승하게 된다. 취업의 준비단계에서 업무별로 명확히 어떤 일을 하는지 또는 해당 회사에서 해당 직무가 어떤 업무를 하는지 명확히 알기란 쉽지 않다. 위에 있는 IT개발이란 직무만 보더라

도 매우 다양한 용어로 쓰이고 있으며, 단어 하나만 바뀌었을 뿐인데 업무 영역이 아예 달라져버리기 일쑤인지라, 취업준비생 입장에서는 공고만 보고는 명확히 직무들을 이해하긴 힘든 상황이다.

그러나 충분히 직무에 대한 공부를 해놨다면, 취업공고가 있는 플랫폼에서 여러 회사들이 낸 IT개발 관련 공고를 보고 본인이 가진 역량에 맞춰 지원해야할 곳과 지원하지 말아야 할 곳을 바로 판단할 수 있으며, 그 직무의 R&R을 정확히 유추하여 자기소개서도 직무에 맞춰 써낼 수 있다.

이를 반대로 생각해보자. 만약 직무에 대한 공부를 충분히 하지 않았다면, 본인의 자기소개서나 면접 답변에 이르는 모든 방향성이 어그러지게 된다. 해당 직무가 어떤 업무를 하는지도 모르는데 어떻게 어떤 역량과 성격이 중요한지 알아낼 수 있을까? 또한 직무 현직자들과의 인터뷰나 여러 교육 및 유튜브 등을 통해 어떤 역량이 중요한지 알아냈다고 하더라도, 그 역량이 구체적으로 어떤 상황에서 어떻게 필요한지에 대해 명확히 설명할 수 있을까?

그러므로 필자가 생각하는 완벽한 취업 준비단계에서는, 직무공부와 자신에 대한 공부가 가장 첫 번째에 배치된다. 아래에서 이에 대해 간단하게 설명해보겠다.

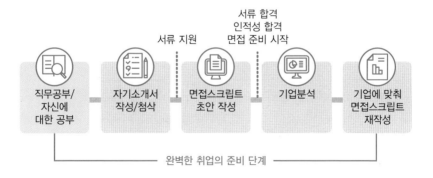

우선 이공계의 경우 직무에 대한 선택권이 그리 많지는 않다. 하지만 직무별로 요구하는 역량이나 성격, 그리고 그것들이 필요한 이유가 미세하게 차이가 있다는 것을 인지하고 직무들을 IT개발 직무 분류표와 같이 세부적으로 분류해놓은 후 본인이 주로 지원할 직무(주 직무)와 주 직무가 뜨지 않았을 때 지원할 직무(부 직무)를 두 가지 정해놓아야 한다. 그리고 이것에 대해서 제대로 공부한 후 이에 맞춰 자기소개서를 쓰는 과정이 필요하다.

직무공부 과정 중에 당연히 직무에서 필요한 역량이나 성격에 맞춰 본인의 경험과 가치관 등을 정리하는 시간도 갖게 된다. 혹시 대학교 취업지원센터나 다른 취업컨설턴트들에게 취업 교육을 받아본 적이 있다면, 보통 처음에 자신의 경험을 시기별로 쭉 정리하는 시간을 가져본 적이 있을 것이다. 그때 했던 것이 자신에 대한 공부였다고 생각하면 된다.

여기까지만 들으면, 본인이 충분히 직무를 분석하고 자신에 대한 공부도 진행했다고 생각하는 사람도 많을 것 같다. 하지만 대부분이 피상적으로만 직무를 알고 있을 가능성이 높다. 이에 대해 조금 더 자세히 설명해보겠다.

여러분이 식품업계 품질보증직무를 지원했다고 가정해보자. 같은 품질관련 직무라도 산업군별로 조금씩 R&R이 차이날 수 있다. 품질보증직무에 대해서 책이든, 인터넷이든, 오픈카톡방이든, 아는 현직자에게 듣든 수많은 이야기를 들어왔을 것이라 생각한다. 그렇게 수집한 정보를 정리해봤다면, 필요한 역량이나 성격도 나오게 될 것이다. 아마도 '커뮤니케이션 능력'이나 '꼼꼼함' 정도는 필수로 들어가 있을 테고, 또한 자기소개서에도 이 두 가지 중 하나 정도를 강조한 글이 있을 것이다. 사실 이 두 역량은 대부분의 직무에 다 필요한 것이긴 하다.

여러분이 품질보증에 대해 피상적으로 알고 있다면, 커뮤니케이션 역량이 필요한 이유를 말해달라 했을 때, "품질보증은 업무 유관자들과 업무 진행이 잦기 때문에"라고 답할 가능성이 높다. 그래서 그 역량이 왜 필요한지 이유를 적어오라고 하면, 통상 아래와 같이 답해온다.

EX 🔍 **취업준비생의 답변 예시**

- 커뮤니케이션 능력 : 업무 유관자들과 소통을 통해 업무를 진행해야 하는 일이 많다.
- 꼼꼼함 : ISO나 HACCP 등 품질관련 인증을 관리하는 데 있어 꼼꼼한 관리능력이 필요하다.

그냥 본다면 괜찮게 쓴 이야기로 보일 수도 있다. 우선 커뮤니케이션 능력의 경우, 업무 유관자라는 것은 아무래도 생산부서(현장)나 협력사일 것이다. 그 업무 유관자들과의 업무에 있어 당연히 원활한 의사소통은 필요할 것이다. 그리고 꼼꼼함의 경우 품질보증의 주 업무 중 하나인 품질 관련 인증에 관해서 잘 어필했으므로 나쁘지는 않다. 그런데 이 답변을 보자니 컨설턴트로서 아래와 같은 의문이 든다.

[컨설턴트의 의문(feat. 정말 품질보증에 대해 아는 것이 맞을까?)]
- 업무 유관 부서들, 특히 협력사나 생산부서(현장), 혹은 여타 다른 부서와 무슨 일을 어떻게 해오기에 소통이 잦은 것인가?
- 그 소통 과정에서 어떤 애로사항이 존재하기에 커뮤니케이션 역량이 요구되는 것일까?
- 커뮤니케이션 중에서도 특히 어떤 커뮤니케이션 역량이 필요한 것일까? (명확함, 침착함, 경청, 설득력)
- ISO나 HACCP 등 품질인증은 연간에 여러 번 발생하는 것도 아니고, 이미 선배들이 다 인증받아 놓은 것을 관리하는 것인데 어떤 면에서 꼼꼼함이 어필되어야 하는가?
- 과연 꼼꼼함이 품질보증직무에서 품질 관련 인증을 하는 업무에만 필요할까?

자기소개서나 면접의 준비 단계에서 직무 공부를 제대로 해냈다면, 해당 역량이 필요한 이유를 훨씬 더 구체적으로 서술할 수 있었을 것이다. 그렇다면 당연히 위의 의문들이 나오지도 않을 뿐더러, 직무에 대해 명확한 이해를 하고 있다고 판단하여 서류전형이나 면접에서 합격할 확률도 조금은 높아질 수 있을 것이다. 다시 말하면, 미리 직무 분석한 내용들을 자기소개서에 직접적으로 서술할 수 있으며, 면접에서도 본인의 직업관과 가치관을 말할 수 있는 근본이 되어줄 것이다.

과연 여러분들은 직무분석에 대해서 시간을 제대로 투자해본 적이 있을까? 방법은 아는데 시간을 투자한 적이 없다면, 속는 셈 치고 직무에 대한 이해를 극한으로 늘릴 때까지 직무공부를 해보자.

만약 직무 공부 방법을 아예 모른다면, 이 다음 챕터인 '합격자만 알고 있는 직무분석 공부법'을 보고, 직무에 대해 공부를 시작해보자. 합격의 첫걸음은 직무분석에서부터 시작된다.

직무분석 꿀팁

❶ 주 직무와 부 직무, 두 가지 직무를 정한 후 그에 대해 공부해보고, 해당 직무에 필요한 성격과 역량을 미리 정리해놓는 과정이 필요하다. 그것이 직무분석 공부다.

❷ 피상적인 직무공부가 아니라, 해당 역량이나 성격이 왜 필요한지 구체적인 공부가 필요하다. 그 공부법은 다음 챕터에서 다뤄진다.

❸ 직무공부에 시간을 투자해서 직무에 대한 이해를 극한으로 늘려보면, 서류 과정뿐만 아니라 면접 과정에서도 큰 도움을 받을 수 있다. 믿고 따라해보자.

Chapter 02

합격자만 알고 있는 직무분석 공부법

누군가는 직무분석도 제대로 되지 않은 상태에서 '어? 어?' 하다가 취업하기도 하고, 직무에 대해서 잘 모르는 상태에서 도전했지만 말을 썩 잘하는 편인 사람이 면접에서 본인을 잘 표현해내며 취업하기도 한다. 그리고 이공계는 학과와 학점이 뒷받침되면서 전공에 대한 기초지식이 풍부하다면 일단 합격 확률이 높아지기도 한다. 하지만 반대로 생각해보면 전공과 밀접한 연관이 있는 직무일 경우, 전공 기초지식이 높고 학점이 높다면 직무에 대한 이해도가 높다는 말이 되기도 한다. 그리고 많은 합격자들은 어느 정도 직무에 대해 본인만의 가치관과 직업관을 정리하고 녹여서 자기소개서를 쓰고, 면접을 준비하여 합격하는 것도 사실이다.

특히 중고신입의 비율이 점점 높아지며, TO(Table of Organization, 필요인원량) 대비 지원자 수가 많아 경쟁률이 심해진 현 상황에서는 확실한 직무공부는 합격을 향한 기본이라고 볼 수 있다.

직무에 대한 아주 기초적인 질문에 해당하는 '공정관리란 무엇이라 생각하는가?', '품질보증과 품질관리는 어떻게 다른가?', 'R&D에서의 핵심 역량은 무엇인가?', '생산관리는 어떤 사람들과 일을 할까?'와 같은 질문에서 제대로 공부하고 생각한 사람들의 답변은 깊이가 다를 수밖에 없다. 이미 업무를 경험하고 다시 면접장에 나선 중고신입들과 대결하기 위해서 직무분석을 자소서 단계 이전부터 미리 준비하고, 면접 직전까지 지속적으로 학습하기 바란다. 앞선 챕터에서 직무분석의 중요성에 대해 설명했고, 이번 챕터에서는 실제로 어떻게 직무를 분석하는지에 대해서 알아보고자 한다. 특히 어떤 소스를 사용해서 공부하면 도움이 될지 자세히 다룰 것이다. 직무공부를 위해 다음의 Step을 차근차근 밟아보자.

STEP 1_ 우선 주 직무와 부 직무를 설정하자.

이공계 관련 직무는 아래 상세직무 자료를 참고하자. 이중에서 본인이 주 직무로 삼을 직무와 부 직무로 삼을 직무를 먼저 정해야 한다. 그리고 이공계의 경우 같은 직무라도 산업군별로 R&R이 큰 차이를 보이는 직무들이 있다. 그것 역시 추가적으로 공부해야 하기 때문에 해당한다면 산업군까지 몇 개 정해놓는 것도 도움이 된다. 만약 각 직무의 업무를 명확히 몰라 정하기 쉽지 않다면 시간과 노력을 들이더라도 최대한 많은 직무를 공부해보고 그 중에서 자신과 맞는 직무들을 주 직무와 부 직무로 정하는 것이 옳다.

〈이공계 관련 직무〉

직무 분류	상세 직무
생산기획/관리	공정기획, 공정관리, 공정혁신, 공정기술, 생산기획, 생산관리, 생산기술, 시설관리, 자재관리, 재고관리, 설비보전, 유지보수, 원가관리, 생산/세포배양(제약, 바이오시밀러 등)
연구개발	기술전략, 연구개발 기획(R&D기획), 기술개발, 연구개발, 산업별 연구개발(자동차/반도체/디스플레이/화학/전기전자/기계설계/통신/네트워크/바이오/제약/식품 등)
설계	설계 엔지니어, 금형설계(제조업), 회로설계(전자/반도체), 기구설계(전자/반도체/기계/화학/제약), 기계설계, 설비설계(플랜트/환경설비 등), 조선설계, 전기설계, 전장설계, 도시/토목설계(건설/도로/터널/교량/상하수도 등), 조경설계(조경/건설), 건축설계(건축/건설) 등

품질	품질기획, 품질보증(QA), 품질관리(QC), 품질경영, 제품검증, RA(규제 허가), 품질검사, ISO, HACCP(식품) 등
환경안전	환경관리(수질/대기/소음진동), 안전관리, 산업안전, 환경기술, 폐수처리, 위험물관리(화학물질 등), 소방, 보건(간호사 포함), 위생(식품)
IT기획	IT기획, IT컨설팅
정보보안	기술보안, 관리보안, 보안솔루션 운영(OA지원), 보안관제, 모의해커, IT컨설팅(정보보안/개인정보), 보안시스템 운영/구축, 유지보수
IT개발	Front end개발자, Back end개발자, Full Stack개발자, DevOps개발자, 인프라엔지니어(네트워크/서버/보안), AI개발자, 데이터분석/엔지니어링, 유지보수 등
소프트웨어개발	산업군별 소프트웨어/펌웨어 개발자(기계공학/로봇공학/전자공학/통신 등)
기술영업	기술영업, 장비영업, B2B영업 등

※ 해당 직무들은 4년제 대학 졸업생에 맞는 직무를 대상으로 함

〈산업군별 특수 직무〉

직무 분류	상세 직무
건설/토목/건축	토목, 시공, 현장관리, 토목설계(건설/도로/터널/교량/상하수도 등), 측량, 공무, 감리, 전기/소방/통신/설비, 안전, 환경, 플랜트, 건축, 건축설계(건축구조 포함), 인테리어(설계, 시공 포함), 인허가, 개발PM
통신	인프라 구축/관리(무선/코어/유선/플랫폼), 통신망 구축(유선/무선/위성/IoT), 네트워크 구축, 연구개발(SW아키텍처/서비스플랫폼/네트워크/플랫폼/보안기술/자율주행/언어이해 등), 서비스 운영, 데이터 분석/엔지니어링
항공	연구원, 기체/엔진/항공부품 설계/제작/검사, 시스템 설계, 소프트웨어개발, 항공기 정비원, 장비운영, 항공기 조종사, 관제사
제약	개발기획(PL), 연구개발(In-vivo/In-vitro/비임상/제제/분석/임상/개발), 품질보증(QA), 품질관리(QC), 생산, 사업개발, RA, 특허/인허가

※ 의사/한의사 등 전문직군 제외

물론 산업군이나 회사마다 직무 명칭에 조금씩 차이가 있기 때문에 직무를 명확히 정의내리기는 쉽지 않다. 예를 들어 생산관리와 연구개발 같은 직무들은 대부분의 제조 회사에서 필요한 범용 직무이기 때문에 회사마다 명칭은 같지만, 산업군별로 하는 업무는 차이를 보이기도 한다. 제약 산업에서의 연구개발만 하더라도 그 회사가 바이오신약이냐, 바이오시밀러냐, 합성제약 위주로 연구개발을 진행하냐에 따라 업무가 달라질 수 있고, 기업의 크기에 따라 여러 제제/분석/임상을 하나의 팀에서 진행하기도 하고 아예 각 팀의 업무로 나뉘어 진행되기도 한다. 이외에도 같은 IT개발이라도 SI업체, 소프트웨어업체, 플랫폼업체, 게임업체 등 산업에 따라 실제 다뤄야 하는 영역이 천차만별로 달라질 수도 있다. 이런 세세한 분류들은 신입 지원자에게는 아주 어려운 영역으로 보일 수 있다. 산업군마다 다른 영역을 매번 자기소개서에서 어필하기도 부담스러울 법하다. 하지만 각 직무에 대한 명확한 이해, 그리고 산업군에 대한 이해도를 자기소개서에서 제대로 어필할 수 있다면 서류 합격뿐만 아니라 면접에서도 면접관에게 좋은 첫인상을 남길 수 있다.

우리가 직무공부를 하는 이유는 자기소개서를 해당 직무에 맞춰 준비하기 위해서이다. 따라서 **한 직무에 대한 공부로 최대한 많은 회사의 직무에 적용시킬 수 있다면 효율이 상승한다.** 그렇기 때문에 이공계는 Two-type으로 준비해야 한다.

첫 번째는 범용직무에 해당하는 직무를 준비하고 있고, 여러 산업군에 도전할 수 있는 경우가 있을 수 있다. 산업군이나 기업별로 특수 직무를 잡고 공부하기보다는 **생산관리 · 품질관리 · 환경안전 · 기술영업 등의 기본 직무를 공부하는 것이 좋다.**

반면에 학과 때문에 산업군이 좁혀진 경우가 있을 수 있다. 예를 들어 식품영양과 같은 경우 대부분 식품업계로 진로가 굳어진 상태에서 품질관리, 생산관리, 식품영업이 아니면 영양사가 되거나 석사과정을 밟거나 치열한 경쟁을 뚫고 학사로 식품개발로 가는 것이 대부분이다. 마찬가지로 토목공학은 건설업계로 전기전자학과는 전자업체나 반도체업체 등으로 가게 되는데, 이럴 경우 **본인이 지원할 직무를 주 직무와 부 직무로 전부 결정해놓고 산업군 내에서 회사의 레벨에 따라 직무를 나눠 지원하는 것이** 합리적인 방법이다. 예를 들어, 기계공학과 지원자의 경우 대기업의 경우 아무래도 경쟁이 많이 치열하고, 연구개발이나 품질직무는 석사 이상을 뽑을 가능성이 높으니, 생산관리를 지원하고, 중견 이하 회사들에는 연구개발을 지원해보는 식이라 할 수 있겠다.

그리고 **기술영업이나 이공계에 우대사항이 붙은 영업의 경우도 한번 도전해** 봄 직하다. 대학생들이 영업에 대해서 많은 편견을 가지고 있는데, 그것은 대부분 제약영업이나 보험영업, 자동차 딜러 등 면대면 영업을 보고 생긴 오해라고 할 수 있다. 실제로는 이공계를 뽑는 B2B영업이나 수주영업의 경우에는 제품이나 서비스에 대한 이해도가 많이 필요한 경우가 많으며, 회사 제품이 경쟁력이 있을 경우 상대적으로 영업도 수월해서 높은 성과를 내기도 쉽다. 직무 공부를 충분히 해본 후 영업도 괜찮다는 생각이 든다면 부 직무 정도에는 넣어보는 것도 추천한다.

위에 언급한 직무들 사이에서 일단 주 직무와 부 직무를 하나씩 설정했다고 가정하고 다음 2단계를 밟아보자.

STEP 2_ 해당 직무에 대해 최대한 많은 정보를 모으며, 엑셀에 정리한다.

직무에 대한 정보를 모으는 방법은 여러 가지가 있다. 아래의 꿀팁을 살펴보자.

직무 정보 수집 꿀팁

- 해당 직무 실무자와의 대담 : 오픈카톡방, 학교 선배 활용, 각종 취업 커뮤니티 활용
- 인터넷에 오픈된 인터뷰 활용
  1) 잡코리아 '직무인터뷰', 사람인 '당신의 멘토를 소개합니다', '선배통'
  2) 네이버/구글 등에 '직무+인터뷰'로 검색
  3) '독취사', '스펙업' 등 취업 카페에서 직무 관련 글 검색
  4) LG, SK, 롯데, 한화 등 기업 채용 사이트에 있는 직무 관련 선배 인터뷰 참고
  5) 457deep의 직무 인터뷰(유료, 자료는 좋으나 이공계 직무는 그리 많지 않음)
  6) 유튜브에 있는 현직자들의 인터뷰 등
- 직무 관련된 글/영상 찾아서 보기
  1) 잡코리아 '좋은일연구소'에서 발간된 '잡타임즈'(구글 검색 Go!)
  2) 코멘토, 457deep, 잇다, 엔지닉 등 취업 관련 유료사이트의 직무 관련 글이나 강의
  3) LG, SK, 롯데, 한화 등에 있는 직무 관련 설명
  4) 유튜브, 직무 관련 책자
  5) 워크넷, 국가직무능력표준, 한국직업방송 등 취업 관련 사이트/방송의 글 및 영상(비추)
  6) 직무 관련 책자
- 해당 직무의 경력직(3~10년 차) 공고 검색
- JD(Job Discription), 직무기술서 검색

일단 이러한 채널을 통해 수많은 인터뷰를 접하고, 직무에 관한 글들을 보고, 정보를 모았다면, 엑셀로 다음 예시와 같이 정리해 보자.

| EX 🔍 **식품업계 품질보증** | | |

기업명	식자재 업체	서울에프앤비
직무	• 품질보증	• 품질보증

주요 업무	• 품질보증팀 팀원(대리)
	  – 제조업체에서 구매한 제품들에 대한 식재 관리
	  – 협력사 방문하여 Audit(점검)를 수행하고 식재 이슈에 대응하여 지침을 만들고 관리 기준 수립
	  – 매년 식품의약품안전처와 한국소비자원에 올라오는 단속 계획/식품 이슈 확인 및 리뷰
		• 품질보증팀 팀장(부장)
		  – 생산현장 제품 위생관리를 위한 품질검사
		  – 클레임 관리
		  – 식품 안전과 관련된 인증업무
		  – 협력사의 만족도 제고를 위하여 현장 정보 수집 및 품질개선 업무
		  – 품질혁신을 위한 품질시스템 개발 및 운영

카운트 파트너	• 협력사 • 제조업체 구매팀(제품 바이어)	※ 인터뷰 내 언급은 없으나 유추 • 생산라인(현장) • 협력사
애로 사항	• 협력사 담당자는 전문가이므로 상대하기 까다롭고 대응해주시는 분들이 대부분 연세가 있어 무시하는 경우도 있고 마찰이 생기기도 함	–
극복 방안	• 전문성을 갖도록 공부를 지속하며. 공손한 자세로 소통 및 설득 • 낯가리지 말고 말 잘 걸기	–
직무 선택 계기	• 생물학과 전공하다 식품공학 복수전공하여 식품에 관심이 생김 • 식품산업은 망할 수가 없다고 생각했음 • 품질관리보다 품질보증을 택한 이유는 공장 내에서 업무하는 것보다 협력사에 점검 가는 것이 시야가 넓어져서 좋다고 생각함	–

필요 역량	1) 의사소통능력 : 현장과의 소통이 중요 2) 문제해결능력 : 사전 예측하여 예방하는 것이 베스트 3) 임기응변 : Audit(점검) 수행 시 현장에서 처리해야 하는 문제 상황도 다수 발생	1) 품질과 관련된 전반적 지식 : 제품의 품질을 검사하는 것뿐만 아니라 제품이 개발되어 소비자에게 전달되는 일련의 과정과 그에 따른 제반 사항들이 균형 있게 관리되어야 함 2) 커뮤니케이션 능력 : 타 부서와 이해관계가 상충되는 경우가 많음
취업 준비	• 트렌드와 최근 3년간의 이슈 파악했음 • 식품위생법 중 영업자의 준수사항 관련된 이야기에 해당하는 경험이 있어서 그 부분에 대한 공부를 많이 하고 갔음	–
면접 조언	• 회사의 제품을 최대한 잘 알아가기 • 당당하고 간결하게 대답하기	–
향후 비전	• 식품업계는 안정적이라고 생각하며, 품질직무는 경력이 쌓이면 쌓일수록 전문성도 쌓임. 경력직도 많이 찾아서 비전이 있다고 생각함	• 다양한 소비자들의 의견들을 수렴하여 제품에 영향을 미치는 모든 요소(원재료, 포장재, 유틸리티, 검사, 보관, 유통 등)에 대한 안정성 및 위생까지 보증할 수 있고 관리하는 업무로 발전가능성이 있다고 생각함
인터뷰 URL	• ○○대학교 취업지원센터를 통해 선배 연락처를 받아 연락	https://www.saramin.co.kr/zf_user/career-information/senior-view?doc_idx=21219&page=1&keyword=%ED%92%88%EC%A7%88
그 외 조언	• 입사 전 생각했던 것과 아주 비슷한 업무를 하지만 표시사항과 법 관련된 업무가 생각보다 많음 • HACCP와 ISO 등 품질 관련된 인증에 대한 비중이 면접 질문이나 실제 실무 때나 높은 편 • 첫 직장이 중요하다고 생각함. 경력직은 특히 전 직장의 규모와 했던 업무가 가장 중요함	• 품질보증팀의 하루 일과 ① 품질이슈나 중요 관리사항 전달을 위한 회의 ② 파트별 실무자(제품 검수, 생산라인 관리, 클레임 등) 업무 실시, 특이사항 발생 시 보고/조치 ③ 생산계획에 따라 주간과 야간 순회 근무

직무를 분석할 때에는 관련 영상과 인터뷰, 글 등을 가능한 한 많이 보고 읽으면서 최대한 정리하는 개수를 늘려보는 것이 좋다. 현직자마다 생각하는 바가 다르기 때문에, 자신의 상황과 자신이 가진 역량, 자신이 경험한 것, 특히 자신이 성공했던 방식에 입각하여 인터뷰를 하게 된다. 다 옳은 말을 하는 것이 아니며, 그렇다고 틀린 말을 하는 것도 아니다. 그저 각자 자신의 상황에 맞춰 다른 말을 하는 것이기 때문에, 그러한 다양한 시선을 전부 모아보는 것이 중요하다.

또한 산업군마다 사실 하는 일이 조금씩 다를 수도 있고, 같은 산업이라도 회사마다도 R&R이 조금씩 상이하다. 우리는 어차피 다양한 회사를 쓰게 되기 때문에 많은 인터뷰를 정리하고 해당 직무를 다양하게 보면서 어느 정도 보편적인 모습을 정립할 필요가 있다.

엑셀에 인터뷰를 정리하다보면, 인터뷰마다 있는 내용과 없는 내용이 다 다를 텐데, 그것과 상관없이 쭉 내려가며 정리를 해본다. 비슷한 질문끼리는 엮어보고, 적을 내용이 없는 곳은 비워놓고 편하게 정리하자. 어느 산업군은 이런 것을 하고, 어떤 사람은 누구를 상대하고, 누구와 일하고, 어떤 애로사항이 있다고 생각하는지, 어떤 강점이 필요하고 그 이유는 무엇이라고 생각했는지, 이런 부분을 상세히 정리하기 바란다. 단 하나의 인터뷰만 보는 것이 아니라 그 인터뷰가 많아지면 많아질수록 시야가 넓어질 수 있다.

그러다 보면 어느 정도 직무에 대한 이해가 쌓이기 시작한다. 보통 15~20개 정도만 정리하면 공부가 충분히 되고, 어떤 것을 서류와 면접에서 어필할지 감이 잡히기 시작할 것이다. 이것 중 본인이 가지고 있다고 판단되는 5가지 정도의 역량/성격을 정리해보면서, 그 역량/성격이 해당 직무에 왜 필요한지 인터뷰들에서 본 것을 바탕으로 자세히 서술해보는 과정을 가져야 한다. 이것이 다음 단계이다.

STEP 3_ 공부한 내용을 바탕으로 해당 직무에 필요한 역량/성격 5가지를 정리한다.

가장 중요한 단계이다. 이 부분에서 자기소개서와 면접을 포함한 모든 채용과정에서 강조할 역량/성격이 갖춰지게 된다. 우선 아래 예시를 보자.

EX 🔍 **품질보증 직무 역량&성격**

No	역량&성격	해당 직무에 필요한 이유	관련 경험
1	커뮤니케이션 스킬	1) 타 팀과 이해관계가 상충되는 업무가 많아 오해를 쌓지 않기 위해서는 부드러운 커뮤니케이션 능력이 필요함 2) 현장과 같이 일하게 된다면 작업지시를 조금만 잘못해도 예상치 못한 결과물이 나올 수 있음	1) 6 Sigma 관련 수업에서 4명의 다양한 학과생들과 의견 조율을 하며 팀프로젝트를 끝마쳤던 경험 2) 4학년 여름방학 때 했던 제조회사 인턴 시 지시받은 업무를 명확히 이해하지 못한 상황에서 수행하여 결국 처음부터 선배가 다시 작성해야 했던 경험
2	꼼꼼함	품질을 검사하거나, 제품에 성적을 내는 업무, 그리고 Audit(점검) 업무에 이르기까지 정확한 시험과 측정이 필요한 업무가 많음	대학교 3학년 때 1년간 연구실에서 인턴으로 제품을 칭량하는 업무를 기초부터 배우고 계속 반복해서 수행했던 경험
3	추진력	출하일정은 정해져 있는 상태에서 할당된 업무량을 주도적으로 처리해야 함. 다양한 업무들 사이에서 방향성을 정하고 빠르게 수행하고자 하는 추진력을 갖는다면 업무처리가 수월해질 수 있음	1) 고등학교 2학년을 마치고 문과에서 이과로 전향을 고민하다가 빠르게 결정하여 이과로 전향한 것 2) 대학교 때 편입을 결정하고 바로 준비하여 3개월 만에 합격

| 4 | 문제해결능력 | 사전 예측하여 예방하는 것이 베스트이며, 만약 문제 상황이 발생한다면 빠르게 파악하여 상사에 보고하고, 내 선에서 해결해야 하는 상황이라면 문제를 해결해낼 수 있으면 좋음 | 1) 대학교 3~4학년 때 2년간 연합동아리 회장을 맡으며 동아리를 되살리기 위해 고생했던 경험
2) 제조회사 인턴 시 CS 담당부서와 현업 사이에 업무로드가 생기는 문제점을 발견하고 팀장님께 보고 드리고 개선했던 경험 |
| 5 | 인증 관련 지식 | 식품업에서는 HACCP나 ISO같은 품질인증, 할랄 같은 인증에 따라 고객이 크게 확장될 수 있음. 대기업에서는 거의 필수사항으로 관리대상이 됨 | 1) HACCP 교육 및 ISO 교육 수행 경험
2) 대학 수업 시 할랄 관련된 팀 프로젝트 2회 경험 |

우선, 인터뷰를 정리하면서 해당 직무를 분석했을 때 많이 언급되었던 역량/성격 중 본인이 가지고 있는 것을 먼저 적어놓고, 현직자들이 한 말 중에서 단서를 찾아 '해당 직무에 그 역량&성격이 필요한 이유'를 적어본다. 그리고 마지막으로 본인의 관련 경험을 서술한다. 이 과정에서 중요한 것이 세 가지가 있다.

첫 번째, 역량/성격을 뽑을 때, 앞서 정리한 인터뷰들을 보며 현직자들이 말한 중요한 역량/성격을 그대로 뽑아놓는 것이 아니라 그중에서도 **'내가 가진 역량/성격'을 뽑아야 한다**는 것이다. 예를 들어, 아무리 현직자가 커뮤니케이션 스킬이 중요한 역량이라고 말한다 한들 본인이 가지고 있지 않다면 그것을 쓰면 안 된다는 말이다.

어떤 직무든, 직무에 필요한 역량 및 성격을 분류하자면 수십 개도 넘게 존재한다. 이런 역량들을 모두 다 가지고 있는 사람은 당연히 없고, 서로 상충되는 역량도 존재한다. 예를 들어 영업은 꼼꼼해야 하고, 또한 추진력도 있어야 한다. 하지만 이 둘을 동시에 가진 사람은 거의 없다. 대신 누군가는 꼼꼼함을 바탕으로 신뢰를 주는 영업을 펼칠 수 있고, 누군가는 추진력을 통해 신규 판로에 재능을 보일 수 있다.

즉, 본인이 가진 것이 왜 필요한지 명확히 이해하기만 한다면, 그것이 어떤 역량이든, 어떤 성격이든 해당직무에 맞게 써먹을 수 있다는 말이기도 하다. 그러므로 본인이 가진 역량/성격에 집중하여 다섯 가지를 뽑아보기 바란다.

두 번째, **'해당 직무에 그 역량/성격이 필요한 이유'는 직무에 대한 많은 고민을 통해 작성되어야 한다.**

이것이 실제로 자소서에 그대로 들어가기도 하고, 면접 답변의 기초가 되기도 한다. 그래서 이 부분을 얼마나 잘 써내느냐에 따라서 자소서와 면접 답변의 수준이 판가름 난다. 사실 직무별로 뽑히는 역량은 타이틀만 보자면 타 직무에도 그대로 적용될 수 있는 대동소이한 것이 많다. 예를 들어 '커뮤니케이션 스킬'이나 '꼼꼼함'은 그 직무가 생산관리든, 품질관리든, IT개발이든, 영업이든, 시공관리든 다 중요한 역량이다. 하지만 각 직무에서 그것이 필요한 이유는 조금씩 차이를 보인다. 단순히 '사람과 협업해서' 커뮤니케이션 스킬이 필요하고, 다루는 자료가 많고 중요하기에 '꼼꼼함'이 필요한 것이 아니라, 누구와 어떤 방식으로 일하고, 어떤 애로사항이 있기에 그 역량이 해당 직무에 중요한지를 인지해야 한다. 그리고 그것을 자신만의 언어로 표현해보는 것이 중요하다. 우선 그 과정 동안에 최대한 많은 인터뷰를 보고, 현직자들이 풀어내는 직무에 대한 이야기에 대해 쉐도잉 해보고, 고민을 거듭한 끝에 자신만의 가치관과 직무관을 정립해 나가는 것, 그 트레이닝이 직무공부법인 것이다.

세 번째, **경험은 최대한 다양하게, 아무리 작아보여도 일단 넣어 놓는다.**

일단 지금 당장 자기소개서에 쓰일 경험은 역량/성격당 1~2개면 충분하다. 하지만, 여러분은 자기소개서만 쓰면 끝나는 것이 아니다. 향후 면접에도 가야 하며, 요즘은 자기소개서가 많이 어려워져서 다양한 질문이 나오다 보니 내가 미리 세팅해 놓은 경험이 쓰이지 못하는 경우도 있다. 그렇기에 지금 직무공부 단계에서 최대한 많은 경험들을 역량/성격에 매칭해서 정리 해놓으면, 그때 더 수월하게 이 경험, 저 경험을 꺼내며 작성할 수 있게 된다.

따라서 역량&성격을 고를 때 진짜로 본인이 가진 역량과 성격 중에서 뽑아내는 것이 더 중요해진다. 인생에 딱 한 번 잘했던 경험만 있다면 그것은 본인의 진짜 역량이 아닐지도 모른다. 만약 그것이 진짜였다면, 여러 자잘한 경험들부터 큰 경험까지 많이 나오게 될 것이다. 그렇게 여러 경험들을 증거로 하는 진정한 본인의 역량/성격을 5가지 정도 선별한다면, 이것을 토대로 진솔하게 자기소개서나 면접 스크립트를 작성할 수 있을 것이다.

무엇보다도 경험 크기나 임팩트 자체가 중요한 것이 아니란 점을 알아두기 바란다. 해당 역량이 직무에 필요한 적절한 이유와 경험의 일치성이 중요하다. 꼭 인턴 경험이나 정규직 경험 같은 거창한 것들이 아니더라도, 대학교 팀플 활동이나 아르바이트, 동호회 활동, 어렸을 적 친구들과의 사건, 부모님과의 대화에서 얻은 깨달음일지라도 글의 방향성과 일치한다면 작성해도 좋은 소재이다.

STEP 4_ 정리한 내용을 자기소개서에 반영해보자.

이제까지 직무분석 공부법을 살펴보았다. 사실 혼자 하기 어려운 과정이다. 하지만 이 과정에서 직무 엑셀파일을 잘 만들어낸다면 그 이후 자기소개서 작성과 면접 과정을 수월하게 지나갈 수 있다.

지금 정리해놓은 내용들을 기반으로 한번 자기소개서에 반영해보자. 직무에 맞는 역량, 성격 5가지를 잘 뽑아냈고, 또한 본인이 스스로의 언어로 그 역량/성격이 필요한 이유에 대해 잘 만들어놨다면 이제 자기소개서만 읽어봐도 '직무를 아는 사람'이라는 느낌을 줄 수 있을 것이다.

우리가 흔히 말하는 직무역량이 있는 사람은, 인턴을 경험하고, 직무를 경험한 사람을 뜻하는 것이 아니다. 충분한 준비를 통해 직무를 이해하고 직무에서 필요로 하는 역량/성격과 합치되는 느낌을 줄 수 있는 사람이다.

그리고 그저 직무에 대해 많이 알고 있는 '지식'이 아니라, 똑같은 상황에서 더 좋은 선택을 할 수 있는 '지혜'를 보여줄 수 있다면, 그것이 좋은 경험인 것이다. 이제 직무공부법을 한번 해보고, 지식이 아닌 지혜를 보여줄 수 있는 기초를 다져보자.

직무분석 꿀팁

❶ 주 직무와 부 직무를 정할 때는 범용성을 생각해서 정하는 것이 좋다. 이공계의 경우 어쩔 수 없이 산업군이 한정될 수는 있지만, 그 한정된 산업군 내에서도 최대한 많이 쓸 수 있게 직무를 두 개 정해보자.

❷ 인터뷰 검색, 현직자 대담 등 최대한 많은 채널을 동원하여 해당 직무에 대한 이해도를 높이고, 그것을 엑셀에 일목요연하게 정리해 둔다. 이것은 자기소개서뿐만 아니라 향후 면접 준비에서도 잘 쓰일 수 있다.

❸ 지원직무에 필요한 역량 중 본인이 가지고 있다고 판단하는 5가지 역량 및 성격을 정리한다. 그리고 그것이 필요한 이유에 대해 직무를 공부한 내용을 바탕으로 상세히 서술한다. 그리고 그것을 자소서에 반영해보자.

역량 겉핥기 극복법

직무공부법으로 체계적으로 직무공부를 한 뒤 역량과 성격을 잘 뽑아냈다고 해도 실제로 그것을 자기소개서에 적용하다가 어려움에 빠진 취준생들이 있을 것이다.

막상 자기소개서에 대입하려니 잘 적용되지 않기도 하고, 뭔가 뜬구름 잡는 소리를 쓰는 것 같기도 하고, 너무 평범하고 밋밋하기도 할 것이다. 커뮤니케이션 스킬이나 친화력 같은 역량을 쓰자니 너무 뻔한 글 같고, 어떤 역량을 분명 내가 가지고 있는 것 같은데 막상 글에 적용하니 뭔가 약하다고 느껴질 것이다.

게다가 요즘은 기업마다 자기소개서 질문 자체가 어려워지다 보니, 그 질문에 따라 내 경험을 서술하며 글을 써내려가다 보면, 결국 처음 직무공부를 하면서 중요하다고 생각했던 5가지 역량과 성격이 아닌 다른 내용들을 자기소개서에 쓰고 있는 자신의 모습을 발견하게 될 수도 있다.

이렇게 어려움을 느끼는 이유는 역량과 성격을 자기소개서에 적용시키는 과정에서 직무에 필요한 역량을 실질적이고 구체적으로 변환하는 과정이 추가로 필요해서이다. 지금부터 소개할 내용이 바로 그것이다. 이번 챕터의 내용을 찬찬히 살펴보면서, 진짜 여러분이 보유하고 있는 실질적인 역량과 성격을 찾아내기 바란다.

1. 여러분이 말하는 역량, 겉핥기가 아닌지 살펴보자.

이공계 학생들 중 많은 수가 지원하게 되는 생산기술(공정기술)을 예로 들어보자. 생산기술에서 필요한 수많은 역량이 있는데, 아래에 간단히 정리해보겠다.

> **생산기술에서 필요한 역량/성격**
> 의사소통력(커뮤니케이션), 설득력(협의능력), 친화력, 주인의식, 열정, 체력, 적극성, 추진력, 우직함, 책임감, 성실성, 꼼꼼함, 수치분석력, 도면해석능력, 관찰력, 상황대처력, 상황판단력, 문제해결력, 갈등조정력, 목표지향(성취지향), 리더십, 혁신추구, 변화수용성, 자원관리능력, 정리정돈, 유연성, 적응성, 전략적 사고, 기계/설비에 대한 전문지식(공학지식, 전공지식), 컴퓨터활용능력 등등

이렇게 많은 역량과 성격이 모두 생산기술 자소서를 쓰면서 쓸 수 있는 역량이다. 우리는 앞에서 이 중에서 자신이 가진 다섯 가지를 선택하는 방법을 배웠다. 그 방법에 따라 다섯 가지 역량 및 성격을 선택하고, 현직자들의 인터뷰를 정리하며 각각의 역량이 왜 필요한지에 대해 정리해놨다고 해보자.

그 결과로 SK이노베이션의 생산기술 관련 자기소개서에 반영할 5가지 역량을 아래와 같이 도출했다고 가정해보겠다.

1) 의사소통력
2) 기계/부품에 대한 기본지식(전공지식)
3) 문제해결력
4) 갈등조정력
5) 분석력

이 5가지 중 의사소통력과 갈등조정력에 대해서 잘못 작성한 사례를 보자.

의사소통 역량 반영의 잘못된 사례

"저는 원활한 커뮤니케이션 역량을 가지고 있습니다. 생산기술 업무를 수행하며 생산직 선배님들이나 타 부서 분들과 수많은 커뮤니케이션을 주고받게 됩니다. 이때 제 커뮤니케이션 역량을 통해 업무를 원활히 수행하는 엔지니어가 되겠습니다."

갈등조정 역량 반영의 잘못된 사례

"설계팀, 생산팀이나 설비제작 업체 등과 업무를 진행해야 하기에 수많은 갈등상황이 발생할 것입니다. 제가 가진 갈등조정능력을 통해서 이러한 갈등상황을 중재하며, 궁극적인 목표인 라인의 생산성과 회사의 수익성을 향상시키는 데 기여하고 싶습니다."

일단 전문을 본 것이 아니라 저 글들만 봤을 때는 문제점이 없다고 생각될 수도 있다. 하지만 저 2개의 예시는 각각 커뮤니케이션 역량과 갈등조정력이라는 단어를 그냥 자기소개서에 넣어놓은 것에 지나지 않은 글이다. 물론 그역량이 '왜 필요한지'에 대해서는 직무 공부를 통해 어느 정도 구체화시켜 놓기는 했다.

하지만 **실제로 자신이 어떤 방식으로 의사소통하는지, 실제로 자신은 어떻게 갈등을 조정하는 타입인지** 설명하지 않은 선언적 표현에 머물러 있다. 흡사 '저는 하늘을 날 수 있습니다'라는 문장과 크게 다르지 않게 느껴진다는 뜻이다. 필자가 말하는 '역량의 겉핥기'란 바로 저런 글들을 뜻한다. 한 번에 이해가 어려울 테니 조금 더 설명해보겠다.

저는 항상 명확하고 정확한 문장과 단어를 사용하고, 그것을 알아듣기 쉽게 전달하는 의사소통력을 가지고 있습니다.

위 예시처럼 내가 가진 의사소통의 방식, '내가 의사소통을 **어떻게** 하는 타입이다.'의 '**어떻게**'가 여러분이 쓰셔야 할 자기소개서의 역량이다. 의사소통능력이라는 것은 상위역량에 해당된다. 실체가 없는 **상위역량**에 머무르지 말고, 자기소개서에 바로 반영이 가능한 '**실질적인 역량**'을 찾아야 한다. 그래야 자기소개서가 남들에게 읽혀지기 시작한다. 아래의 예시를 보자.

나는 '경청'하는 의사소통능력을 가지고 있다.

나는 '명확하게 전달하는' 의사소통능력을 가지고 있다.

나는 '빠르고 신속한' 의사소통능력을 가지고 있다.

나는 '공감을 잘하는' 의사소통능력을 가지고 있다.

나는 '논리적인' 의사소통능력을 가지고 있다.

위와 같이 상위역량을 넘어 그 역량을 어떻게 발현하는지에 대한 세부적인 표현이 필요하다. 그래야 그 역량을 자기소개서에 쉽게 반영할 수 있으며, 본인도 글의 방향성이 잡히며 쉽게 쓸 수 있다.

2. 그렇다면 어떻게 역량에 대한 겉핥기를 극복할 수 있을까?

① 사람인이나 잡코리아 같은 취업 포털

② NCS 사이트, 잡이룸, 수많은 직무 관련 유튜브 동영상

③ 457deep이나 코멘토, 잇다, 오직 등의 선배들의 조언

④ 앞선 챕터에서 소개한 현직자 인터뷰 방법

이 4가지를 통해서 직무에 대한 수많은 이야기를 접할 수 있다. 어떤 인터뷰에서는 아예 직무에 필요한 역량과 성격을 짚어주기도 한다. 그리고 그것이 필요한 이유를 상세히 설명해주는 감사한 선배들도 있다. 예를 들어 생산기술 인터뷰에서 아래와 같은 조언을 살펴보자.

생산기술직 현직자 Q&A

Q ABS 컴파운드 생산엔지니어 직무에 필요한 역량이나 경험, 태도에는 어떤 것이 있을까요? 이를 얻기 위한 본인의 경험이나 노하우를 알려주신다면?

A 컴파운드 업무는 대부분 다양한 유관부서와 협업을 하게 됩니다. 이에 본인이 하고자 하는 방향이나 자신의 의견을 상대방에게 잘 이해시킬 수 있도록 노력해야 합니다. 그렇게 하기 위해 유관부서의 입장에서 한 번 더 생각하고 의견을 제시해야 하며, 상대방을 항상 배려하는 마음이 필요합니다. 만약 본인 부서의 입장에서만 생각하고 말하게 되면(그 의견이 본인이 생각하기에 좋은 방향이라고 생각할지라도) 일을 추진하는 데 있어 어려움이 있을 것이라 생각합니다. 대외활동을 통해 다른 사람들과 소통하는 경험을 많이 쌓으신다면, 여러 상황 속에서 본인의 의견을 잘 피력하는 데 도움이 되실 것 같습니다.

※ ABS 컴파운드 : ABS수지 제품을 생산하는 최종공정, ABS는 냉장고 내장재, 자동차 소재 등 다양한 용도로 활용됨

위 질문과 답변을 보면, 일단 생산기술 직무에 있어 커뮤니케이션 역량이 중요하다는 것을 알게 되며 왜 중요한지도 어느 정도 이해할 수 있다. 유관부서가 어떤 부서들이 있는지는 다른 인터뷰를 보면서 추가적으로 알아봐야 하겠지만, 유관부서와 소통이 잦다는 것을 알게 되었다. 그런데 그런 유관부서와의 업무에 있어서 '본인이 하고자 하는 방향이나 자신의 의견을 상대방에게 잘 이해시킬 수 있도록 노력해야 한다'고 언급했다. 이를 다른 말로 풀어내면 논리적이고 정확하게 커뮤니케이션 하는 역량이다.

자, 이제 본인이 의사소통력을 가지고 있으며, 특히 논리적이고 정확하게

의사소통을 할 수 있다고 가정해보자. 직무 공부까지 충분히 하고난 상황이라면 아래와 같은 글을 쓰는 것이 가능해질 것이다.

| EX 🔍 | **의사소통력 활용 자기소개서** |

[한 번의 소통으로 완벽하게 이해시키기]

인턴을 두 번 겪으면서 어떠한 정보를 전달함에 있어 제 생각과 방향성을 명확히 전달하는 것이 가장 중요함을 깨닫게 되었습니다. 논리적이고 명확하게 정보를 전달하는 것, 그것이 제가 가진 커뮤니케이션 방식입니다

– 생략: 본인의 "논리적이고 명확한" 커뮤니케이션 역량을 표현할 만한 사건 –

생산기획 직무에서는 R&D, 생산관리, 생산 등 유관부서 및 각종 협력사들과 다양한 협업이 이뤄진다고 알고 있습니다. 제가 가진 '한 번의 소통으로도 정확히 전달 가능한' 논리적인 커뮤니케이션 역량을 통해 원활한 업무처리가 가능할 것이라 생각합니다.

즉, 인터뷰나 현직자의 대화에서 행간을 읽는 것이 중요하다. 만약 현직자와 대면 인터뷰를 할 경우가 생긴다면 **어떤 커뮤니케이션 방식이 좋다고 생각하는지**를 물어보는 것도 좋다. 물론 여기서 그 사람의 대답이 절대적인 해답은 아닌 것을 알고 있어야 한다. 그리고 직무에 대해서 더 깊이 고민하고 더 많이 생각해야 한다. 마지막으로 내가 가진 것이 무엇인지도 더 분석해야 한다. 이런 일련의 과정이 바로 상위역량에 머무른 겉핥기를 실질적인 역량까지 파고드는 방법이다.

3. 자기소개서에서 특히 주의해야 할 겉핥기 역량(상위역량)

가장 대표적인 것은 **의사소통력**이다. 경청이든, 명확한 전달이든 자신이 정말로 뛰어난 의사소통력을 가지고 있다고 가정한다면, 본인의 의사소통 방식이 분명 있을 것이다. 그 부분을 서술하라. 그게 본인에게 딱 맞는, 본인만

의 답이다.

분석력도 상위역량에 해당한다. 정확히 수치 분석력인지, 시장 분석력인지, 고객 분석력인지, Data Base 분석력인지, 도면 분석력인지, 상황 분석력인지를 말해야 하고, 그 분석을 하는 자신만의 방식까지 완벽히 실질역량 수준으로 내려놓아야 자기소개서에 활용될 수 있다. 자기소개서에 분석력을 쓰려고 하는 많은 이들이 막상 글을 서술할 때 어려움을 느끼게 되는 이유가 바로 실질역량까지 도달하지 못해서이다.

설득력 역시 내가 '어떻게' 설득하는 타입인지의 그 '어떻게'가 본인의 실질적인 역량이다. 그래서 막상 쓰다보면 '의사소통력'과 비슷하다는 것을 알게 된다.

친화력도 그저 '친화력이 있다'로 끝내면 안 되고, 나는 '어떻게' 사람과 친해지는지, 혹은 '내가 어떤 사람'이라 사람들이 나를 좋아해주는지, 이런 부분을 잘 적어야 실질적인 역량을 서술할 수 있다.

상황대처력, 문제해결력, 갈등조정력도 마찬가지이다. 전부 내가 '어떻게' 해결한다, 대처한다, 조정했다 등 실질적인 역량으로 들어가야 한다.

역량이나 성격을 작성할 때 특히 어려움을 느끼고 글이 붕붕 뜨는 느낌을 받았을 것이다. 실질적인 역량을 찾지 못했기 때문이다. 이제 그러지 말자. 자신이 가진 실질적인 역량을 찾아보자.

역량분석 꿀팁

❶ 자기소개서에 역량을 반영하기 어려움을 느낀다면, 그것은 상위역량에 머무르고 있기 때문일 가능성이 높다. 한 단계 나아가서 실질적인 역량을 찾아야 한다.

❷ 실질적인 역량을 찾는 방법은 인터뷰를 더 자세히 보고, 현직자에게 더 자세히 묻는 방법이 있다. 그리고 그것을 자신이 가진 역량에 대입해 보고 자기소개서에 반영한다. 그렇게 한다면 아주 현실적이면서도 본인에게 딱 맞는 '본인만의' 자기소개서가 만들어질 수 있을 것이다.

역량과 경험, 자소서 질문의 1:1:1 매칭

자기소개서 작성의 접근법

자기소개서를 쓸 때 접근법에는 크게 두 가지가 있다. **첫 번째는 '직무에서 필요한 역량과 성격을 뽑아낸 후, 그에 맞는 경험을 뽑아내는 방법'**이다. 이 방법의 경우, 직무에 대한 공부가 선행되어야 하는데 앞서 말했던 직무분석 공부법을 통해 역량 및 성격 5가지를 뽑아내는 과정이 바로 이 첫 번째 방법을 위함이었다.

두 번째는 '지원자의 경험을 쭉 정리하게 한 후 그것에 필요 직무역량을 맞추게 하는 방법'이다. 아마 취업 컨설턴트에게 컨설팅을 받거나, 아니면 취업 캠프를 가거나, 그게 아니면 취업 유튜브나 블로그 같은 데서 종이에 기간별로 쭉 경험을 정리해놓는 '경험 정리법'을 한번쯤은 본 적이 있을 것이다. 파트 1에서 소개한 스토리 구조도가 그 적절한 예이다. 이 두 접근법에는 각각 장단점이 존재한다.

첫 번째인 역량과 성격을 뽑아낸 후 그에 맞춰 경험을 뽑아내는 방법을 먼저 보자면, 장점은 역량과 성격을 직무에 맞춰 잘 뽑아내기만 했다면 아무래도 **직무에 더 잘 맞는 글을 쓰기가 수월하다는** 것에 있다. 이미 내가 어떤 말을 해야 할지 정해놓았기 때문에 글의 방향성도 명확하다.

반면에 단점은 본인이 가지고 있지 않거나 좀 맞지 않는 역량임에도 불구하고 억지로 선택해서 글을 쓰게 될 수 있다는 점이다. 직무공부를 통해서 해당 직무에 중요하다고 나온 역량이 있다면, 왠지 쓰고 싶어지게 되고, 그래서 인생에 딱 한 번 경험했던 일을 가지고 역량에 끼워 맞춰 쓰게 되어버릴 수도 있다.

예를 들어 본인은 그렇게 친화력이 뛰어나지는 않은 편임을 잘 알고 있지만 직무공부를 하며 친화력이 해당 직무에 중요한 것을 알게 되었다고 가정해보자. 그러면 인생에 한 번 정도 친화력 있는 행동을 했던 것을 떠올리며 그 경험을 서술하면서 본인이 친화력을 가진 사람인양 쓰게 된다는 것이다. 이것은 본인을 제대로 표현하는 자기소개서가 아니다.

두 번째인 '경험을 먼저 정리한 후 그 경험을 직무 필요역량에 맞추는 방법'의 장점은 경험을 쭉 써놓고 접근하다 보니 **활용할 경험이 많아 자기소개서를 쓰기가 수월해진다**는 점이다. 그렇다 보니 아무래도 이 방법으로 시작하게끔 유도하는 컨설턴트가 많기도 하다. 컨설턴트 입장에서는 해당 멘티의 삶의 궤적을 알아야 컨설팅하기가 수월하기 때문이다.

하지만 단점도 존재하는데, 우선 자기소개서든 면접에서든 자꾸 **모든 답변에 경험을 욱여넣어 말하게 되는 소위 '경험병'에 걸리기 쉽다는 것과 경험에 집착한 나머지 진정한 자신의 모습을 보여주지 못하게 될 우려**가 있다는 것이다.

보통 경험 정리를 먼저 시작한 이들은 자기소개서에 자신이 경험한 최고의 경험들만 주르륵 배치하려는 경향을 보인다. 그런데 자신을 진짜 표현하는 것은 경험의 크기에 있지 않다. 작은 경험, 별 볼 일 없다고 느껴지는 경험일지라도 내가 배우고 느낀 것이 있다면 그것이 좋은 경험인데, 경험 정리를 먼저 하게 되면 그 진리를 놓치게 된다.

두 접근법을 섞어 쓰면서 각각의 장단점을 보완해야 하며, 그 이전에 본인이 누구인지, 본인은 어떤 사람인지, 이런 기초적인 물음을 던지면서 스스로에 대

해 탐색하는 시간도 필요하다. 온전히 '나'에 집중하면서, 어떤 순간에 내 가치관이 변하게 되었는지, 주변 사람들은 나를 어떻게 생각해주는지, 내 성격이 언제부터 만들어진 것 같은지, 이유는 뭔지, 이런 진한 고민들을 해보는 것이다. 사실 이 방법은 시간이 오래 걸리며, 자소서에 결국은 담지 못할 소재들만 발굴되는 것에 그칠 수 있다. 하지만 어쨌든 우리가 쓰고자 하는 건 '자기'소개서 아닌가. 나를 모르고서는 그것이 제대로 만들어지지 못한다. 이런 과정들 속에서 자기소개서를 쓸 수 있는 기초가 차근히 만들어지게 되는 것이다.

역량:경험:자소서 질문의 1:1:1 매칭이란?

앞서 글에서 직무에 필요한 역량 및 성격과 본인의 경험을 뽑아내는 방법에 대해서는 간단히 설명했다. 이제부터는 1:1:1 매칭에 대해 예시를 들어 설명을 해보겠다. 아래는 품질관리팀에 지원하는 취준생 A씨의 상황이다.

〈취준생 A의 직무역량/경험/자소서 질문 정리〉

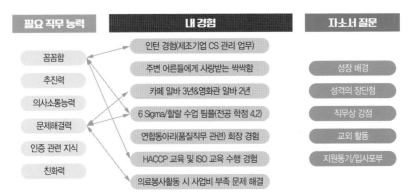

필요 직무 능력	내 경험	자소서 질문
꼼꼼함	인턴 경험(제조기업 CS 관리 업무)	성장 배경
추진력	주변 어른들에게 사랑받는 싹싹함	성격의 장단점
의사소통능력	카페 알바 3년&영화관 알바 2년	직무상 강점
문제해결력	6 Sigma/할랄 수업 팀플(전공 학점 4.2)	교외 활동
인증 관련 지식	연합동아리(품질직무 관련) 회장 경험	지원동기/입사포부
친화력	HACCP 교육 및 ISO 교육 수행 경험	
	의료봉사활동 시 사업비 부족 문제 해결	

우선 품질관리 직무에 필요한 역량과 성격 중에 A씨가 가지고 있다고 느끼는 것을 쭉 정리한 것은 위와 같다. 꼼꼼함, 추진력, 의사소통능력, 문제해결력, 인증 관련 지식(ISO, HACCP 등), 친화력 이렇게 6가지다.

그리고 본인의 경험을 이리저리 정리하면서 나온 경험들은 7가지다. 그런데 이렇게 직무역량과 본인의 경험들을 정리하다 보면 한 가지 느껴지는 것이 있을 것이다. 그것은 하나의 역량과 하나의 경험이 매칭되는 것이 아니라, 하나의 역량을 여러 경험으로 보여줄 수도 있고, 반대로 하나의 경험으로 여러 역량을 말할 수 있다는 것이다. 이것을 느꼈다면 일단 위처럼 한번 화살표로 이어보자.

예를 들어 취준생 A는 꼼꼼함을 인턴경험, 6 Sigma/할랄 수업 팀프로젝트 경험, HACCP 및 ISO 교육 수행 경험 등으로 말할 수 있다. 또한 문제해결력은 아르바이트 경험과 수업 팀플, 그리고 의료봉사활동 경험 등으로 풀어낼 수 있다. 여기까지 본인의 모든 역량과 경험을 쭉쭉 이어놨다고 가정해 보자. 아마 거미줄처럼 얽혀있게 될 것이다.

그 상황에서 이제 내가 써야 할 회사의 자기소개서 질문을 보자. 지금 예시에는 조금 90년대스럽긴 하지만 어쨌든, 성장배경, 성격의 장단점, 직무상 강점, 교외 활동, 지원동기 및 입사 후 포부 이렇게 5가지의 질문이 있다. 이제 우리가 해야 할 일은 단순하다. 이번 챕터의 제목처럼, 1:1:1 매칭이 될 수 있게 뿌리는 것이다. 뭘 한다고? 뿌린다고!

나의 역량 하나가 나의 경험 하나로 이어지고, 그것이 자기소개서 질문 하나에 들어가게 뿌리는 것이다. 예를 들어보면 다음 자료와 같다.

〈취준생 A의 직무역량/경험/자소서 질문 1:1:1 매칭 상황〉

질문 중 성장 배경을 보면, 그것은 '주변 어른들에게 사랑받는 싹싹함'과 매칭되고, 그것으로 말할 수 있는 직무 역량은 의사소통능력이다. 마찬가지로 성격의 장단점은 인턴 경험을 사용할 것이고 꼼꼼함을 말하려 한다. 또한 직무상 강점은 HACCP와 ISO 교육 이수 경험을 통해 인증 관련 지식을 어필할 것이다. 교외활동은 의료봉사활동 경험을 사용하고, 문제해결력을 풀어낼 것이다.

이렇게 지원동기와 입사 후 포부를 제외한 4가지 질문에 하나의 경험, 하나의 역량을 각각 1:1:1로 매칭시켜 보았다. 이것을 하는 이유가 무엇일까?

① 우선 지원자가 직무 역량을 잘만 꼽았다면, 이렇게 질문 4~5개에 꼼꼼히 배치된 역량들이 시너지를 일으켜, 지원자를 그 직무에 잘 어울리는 사람으로 만들어줄 수 있다.

② 글에서 경험이 서로 중복되어 있지 않기 때문에 지원자의 다양한 모습을 볼 수 있다. 이것은 글을 보는 사람 입장에서는 흥미로움을 배가시킨다.

특히 ②번은 여러분들이 자기소개서를 쓸 때 많이 하는 실수를 방지해주는 매우 중요한 장점이다. 통상 평범한 삶을 살아온 25세 남짓의 여성, 27세 남짓의 남성은 사실 자기소개서에 쓸 경험이 풍족하지 못하다. 그러다 보니 인턴 경험이나 해외유학 경험 같은 것을 자기소개서에 2개씩 배치하는 악수를 두게 된다. 하지만 인사팀이나 현직자들은 글로만 지원자를 판단하게 된다. 기껏해야 1년 남짓 있었던 해외유학이나 길어야 6개월인 인턴이 본인의 인생의 2/5나 2/4 만큼의 가치가 있는가? 여러분에겐 딱 4개나 5개의 글이 주어진다. 그렇기 때문에 한 경험을 2개 이상을 쓰면 그만큼 기회를 날리게 되는 일이다.

사실 1:1:1 매칭은 굳이 이렇게 하려고 마음먹은 사람이 아니더라도 20~30개 이상의 자기소개서를 쓰고 난 뒤라면 예전 자기소개서를 뒤적거리면서 일명 '복붙'을 하다보면 자연스레 터득하게 되는 비법이기도 하다.

하지만 조금 더 체계적인 방법으로 미리 매칭을 할 수 있게 준비해놓는다면 훨씬 근사하게 본인을 표현할 수 있다. 시간을 절약하면서 똑똑하게 쓰는 법, 그것이 바로 1:1:1 매칭법이다.

직무역량 분석 꿀팁

❶ 직무 역량을 공부하며 접근하는 방법, 그리고 경험을 정리하며 접근하는 방법은 각각의 장단점이 존재한다. 이를 막기 위해서는 결국 양쪽 다 해보며 경험과 역량을 최대한 풍성히 만들어야 하며, 그 이전에 '나는 누구인가' 같은 원초적인 질문을 던지며, '나'에서부터 시작해보자.

❷ 역량:경험:자소서질문=1:1:1 매칭으로 다양한 역량과 경험을 보여주자.

❸ 자기소개서의 4~5가지 질문에서 다양한 내 모습을 온전히 표현해내는 것. 그것이 자기소개서의 핵심이다. 그러므로 경험도, 역량도 다양하게 뿌려야 한다.

입사 후 포부, 제대로 된 직무분석으로 접근하기

취업준비생이 어려워하는 질문 No.1과 No.2

취준생이 가장 어려워하는 자기소개서 항목이 있다면 첫 번째는 지원동기이다. 많은 시간을 소요하게 하면서도 만족할 만한 답을 내기는 쉽지 않은 질문이기 때문이다. 파트 2에서 지원동기에 대해 상세히 안내한 이유이기도 하다.

두 번째로 어려워하는 자기소개서 항목은 2018년 전후로 급격히 늘어나고 있는 **회사에 관련된 전략**에 관한 항목이다. 내용을 서술하는 것이 어렵기도 하지만, 그보다 직무에 맞춰서 잘 쓴 것인지를 취업준비생 입장에서 파악하기가 어렵다는 점에서 더 난해하다고 느낄 만한 항목이다. 그리고 '복사+붙여넣기'가 불가능하고 매번 기업분석과 산업분석을 선행해야 하기에 자소서한 항목에 들이는 시간이 많다는 점에서 어려움을 느끼게 될 것이다.

한국남동발전(2021년 상반기)

2. 국내외 에너지산업 및 남동발전의 사업환경 분석을 통해 남동발전이 나아가야 할 목표 및 목표달성을 위한 전략을 제시하고, 그렇게 제시한 이유를 구체적으로 기술해 주십시오. (1,400byte 이상, 1,600byte 이하)

IBM(2021년 상반기)

4. 포스트 코로나 시대가 도래함에 따라 기업들은 이전과는 다른 방식의 Digital Transformation을 통하여 성장 모멘텀을 가져가야 합니다. 지원자 본인이 관심을 가지고 있는 국내외 기업을 선정하여 해당 기업이 추진할 수 있을 만한 Digital Transformation의 방향성과 이유에 대하여 작성해 주세요.(1,000자)

신티에스 인턴(2021년 상반기)

4. 신티에스는 도전적인 투자와 끈임없는 혁신으로 연평균 성장률 30%대의 성장세를 이어오고 있습니다. 회사가 지속적으로 도약하기 위해 어떠한 노력을 기울어야 하는지 의견을 제안해 주시기 바랍니다.(2,000자)

5. 자전거 의류브랜드 NSR을 세계 최고의 브랜드로 만들기 위해서는 회사가 어떠한 노력을 중점적으로 기울여야 하는지 의견을 제안해 주시기 바랍니다.(2,000자)

기아자동차(2021년 상반기)

3. 4차 산업혁명, 자율 주행 등 자동차 산업 미래 환경 고려 시 향후 기아자동차가 집중해야 할 전략(모빌리티 서비스 등)에 대해 본인의 의견을 제시해 주시기 바랍니다.(700자)

현대홈쇼핑(2020년 하반기)

6. 평소 현대홈쇼핑(TV 방송/Hmall)을 이용하며 느꼈던 장단점을 제시하고, 현대홈쇼핑의 경쟁력을 제고할 수 있는 아이디어를 제시하시오.(1,000자)

　　IBM 질문 같은 경우에는 평소에 DT에 관심이 없던 사람이라면 단어조차 생소할 가능성이 높기 때문에 저 문항 하나만 제대로 작성하는 데 반나절 이상이 소모될 가능성이 다분하다. 마찬가지로 실무를 경험하지 않은 학생들에게 회사의 전략방향을 묻는 다른 회사들의 질문들도 너무 가혹해보인다. 솔직히 말하면 중고신입 같은 경력자들만 제대로 쓸 수 있는 문항이라고 본다. 취업준비생 입장에서는 이렇게 난이도가 있는 질문을 만나면 지원 자체를 꺼릴 수밖에 없다고 보며, 또한 시간을 아끼기 위해서 미리 자소서 문항을 파악하고 너무 어렵다면 피해가는 것도 권장한다.

해당하는 질문들에 대해서 따로 답변을 달기에는 글의 방향성이 벗어나기에 이 정도로만 서술하고 이제 입사 후 포부에 대해 이야기해 보겠다.

취업준비생이 어려워하는 질문 No.3 입사 후 포부

취업준비생들이 어려워하는 질문 중 3위에 해당하는 것이 바로 '입사 후 포부' 항목이다. '입사 후 포부' 항목은 패턴이 여러 가지로 나뉘지만 결국 묻고자 하는 바는 동일하다. 먼저, 직접적으로 입사 후 이루고 싶은 꿈이나 입사 후 포부를 묻는 문항이 있다. 롯데그룹 같은 경우에는 입사 후 3년, 5년, 8년 시나리오를 세우라는 문항이 있다. 한국가스공사의 경우, 2021년 상반기에 입사 후 실천할 목표나 자기계발 계획을 묻는 문항도 있었다. 그리고 꽤 많은 곳에서 지원동기와 입사 후 포부를 함께 묻기도 한다.

결론적으로 **앞으로 회사에서 지원자가 할 수 있는 일이나 목표, 꿈이 무엇인지를 묻는 문항**인데, 이것이 어렵게 느껴지는 것은 역시 취업준비생들이 실무를 경험해보지 않았기 때문이다. 실무를 경험해보거나 알고 있다면 조금 더 편하게 쓸 수 있을 글이지만, 내가 무엇을 하는지도 구체적으로 모르는데 어떻게 쉽게 쓸 수 있으랴. 그래서 취업준비생 입장에서 입사 후 포부를 제대로 쓰기는 항상 어렵고, 제대로 쓰려면 회사에 대한 이야기와 직무에 관한 고민이 녹아들어야 하기 때문에 상당히 난이도가 높은 질문이라고 할 수 있다.

입사 후 포부, 회사와 취업준비생의 괴리

우선 입사 후 포부에서 회사가 궁금한 내용은 단순히 말하면 '앞으로 당신이 회사에 줄 수 있는 이익이 무엇인가?'가 아닐까 한다. 그런데 회사나 자기소개서를 검사하는 인사팀은 현재 자신의 회사나 산업군의 현황도 잘 알고 있고, 무엇보다도 취업준비생들이 들어가서 일하게 될 팀의 상황이나 업무 R&R도 더 자세히 알고 있는 상황이다.

이렇게 상황도 모르고 실무도 모르는 취업준비생의 입장이 훨씬 불리한 상황에서 입사 후 포부를 작성하다보니 내용은 항상 '설비의 문제발생률을 0%로 이끄는 엔지니어가 되겠습니다' 같은 실무자가 코웃음 칠 만한 아주 선언적인 발언이 되어버리거나, '선배들을 잘 따르며 예쁨 받고, 후배들에게 존경받는' 같은 매우 재미없고 평이한 내용이 되기가 일쑤다.

그렇다면 이렇게 회사에서 취업준비생에게 궁금함을 가지는 내용과 취업준비생의 일반적인 작성 내용 사이의 엄청난 간극을 줄여나가려면 어떻게 해야 할까?

입사 후 포부 잘 쓰는 방법

회사와 취업준비생 사이의 괴리가 발생하는 것은 바로 정보력의 차이에서 비롯된다. 다시 말하면 취업준비생은 자신이 불리한 전장에서 싸우고 있는 병사나 다름없다. 이것을 해결할 방법은 첫 번째로 상대와 정보력을 비슷한 상황으로 만들고 싸우든지, 아니면 두 번째로 내가 자신 있는 전장에서 싸우는 방법이 있다.

상대와 정보력을 맞춘다는 것이 바로 '직무분석'에 관련된 얘기다. 물론 최상의 상황을 만들기 위해서는 산업군도 분석해야 하고, 기업도 분석해야 하고, 특히 '그 기업이 가진 고민'이 무엇인지를 긴 시간에 걸쳐 고민해본 후 내가 지원할 직무에서 그 고민을 어떻게 해결할 수 있는지를 분석해보는 것이 맞다. 하지만 모든 기업을 그렇게 대처하기에는 절대적으로 시간이 부족하며, 또한 외부에서 알 수 있는 정보력은 한계가 있다. 그러므로 우리가 할 수 있는 최상의 방법은 '직무분석'을 완벽히 하여 그 직무에 대한 이야기만큼은 현직자가 무시하지 못할 수준으로 만드는 것이다. 즉, 앞서 말했던 직무분석 공부법을 통해서 공부했던 내용을 입사 후 포부에 하나씩 반영해 보는 것이다.

두 번째, 내가 자신 있는 전장에서 싸우는 방법은 다음과 같다. 입사 후 포부를 자신도 잘 모르는 상황에서 너무 거창하게 쓰는 것이 아니라, **직무에 맞게 '내가 지금 당장에라도 할 수 있을 만한 일'을 제시**하라는 것이다. 즉, 회사나 산업은 모르지만 '나'는 제대로 아니까, 내 성격과 역량에 맞는 일을 제시하는 것이 중요하다.

정리하면, 앞서 말한 직무분석을 통해 내가 그 회사에서 해야 할 일을 어느 정도 인지해 놓은 상태에서 내 역량과 성격에 맞춰 그것을 정말 소프트한 일이라도 명확하게 제시할 수 있다면 그것이 좋은 입사 후 포부가 될 수 있다.

EX 🔍 소재 예시

① 반도체업계 설비 엔지니어 지원자

반도체 공정에서는 인화성 화학물질이 사용되면서도 밀폐된 클린룸에서의 작업이 많습니다. 사고가 나면 큰 손실로 이어지기 쉬운 만큼 두 번, 세 번 예방 점검을 시행하고 규정을 철저하게 준수하는 꼬장꼬장한 엔지니어가 되어 사고를 미연에 방지하겠습니다.

② 건설업계 플랜트 기계 지원자

플랜트에서의 기계직무란, 산업군, 회사의 특성, 들여오는 기계의 성능은 물론 현장 환경에 따라서 세세한 설계/시공을 이뤄내야 합니다. 만일 적재적소에 자원을 활용치 못하면 공기지연으로 이어질 것입니다. 프로젝트를 성공적으로 완수하기 위해서 현장에 대한 학습을 멈추지 않겠습니다.

③ 식품업 품질직무 담당자

저보다 훨씬 업력이 깊으시기에 산업과 제품의 히스토리를 많이 아는 현장 선배님들에게 처음부터 인정받기란 쉬운 일이 아닐 것입니다. 신입 때는 싹싹함으로 무장하고, 대리 이후부터는 전문성으로 무장하여 선배님들은 물론 협력사, 고객사와의 업무를 매끄럽게 처리하는 담당자가 되고 싶습니다.

④ 해외영업 직무 지원자

고객사 담당자는 제 행동을 통해 우리 회사를 판단하게 됩니다. 그러므로 해외바이어에게 동방예의지국의 진수를 보여주는 해외영업자가 되는 것이 목표입니다.

직무에 대한 치열한 고민을 통해 직무에 맞춘 글이어야 하며, 아주 어려운 일이 아니기에 지금이라도 내가 당장 할 수도 있는 일, 그렇지만 **내 성격이나 역량이 드러날 수 있는 내용으로 작성**하는 것이 좋다. 글은 쉽게 읽힐 수 있지만, 사실 만드는 데 오랜 직무분석이 필요한 글이긴 하다. 하지만 한 번 만들어 놓는다면 같은 직무를 넣는다는 전제하에서 '복사+붙여넣기'가 가능하기 때문에, 한 번만 제대로 몇 가지 패턴을 만들어 놓으면 된다.

더불어 한 가지 팁이 있다면, 꼭 직무에만 맞는 것이 아니라 '사회생활'이나 '회사생활'을 잘한다는 느낌을 주는 주제도 상관없다는 점이다. 어차피 500자만 넘어가도 2가지 이상을 배치하게 되는데, 한 가지 정도는 자신의 성격에 관련된 사항을 넣는 것이다.

예를 들어서 "지각을 절대 하지 않는 성실성을 가졌기에, 전날 늦게까지 회식하더라도 아침에 일찍 출근해서 선배 책상에 컨디션 놓는 신입사원이 되겠다" 같은 것이다. 이 글에는 성실성과 함께 선배를 챙기는 센스(라고 말하고 굽신 및 아양이라고 읽는다)를 강조한 글이다. 이렇게 성격적인 측면 등을 강조해도 충분히 먹히는 것이 입사 후 포부임을 잊지 말자. 입사 후 포부에 대해 너무 어렵게 생각하지 않았으면 한다.

Bridge 문장의 중요성

　다만, 한 가지 문제가 있다. 입사 후 포부에 대한 질문도 다양한데, 뜬금없이 직무나 성격에 대한 내용으로 바로 시작하기는 힘들 것이다. 그래서 서론부에 Bridge 문장을 배치하여 글이 자연스럽게 연결되도록 만들어주는 것이 좋다.

　입사 후 포부 항목에 직무에 맞는 역량/성격을 드러내는 소재를 2개 정도 나열하면서 글을 구성하기에 앞서서 그 직무를 통해 이루고 싶은 최종 목표나, 본인이 생각하는 직업관, 기업관 등을 풀어나가는 문장을 Bridge 문장이라고 한다. 이해가 어렵다면, 다음 예시를 살펴보자.

EX 🔍 입사 후 포부 예시

1. **글자 수** : 698자/700자
2. **역량/성격** : ① 친화력 ② 지속적인 정보습득/공부 의지
3. **직무/쓸 수 있는 곳** : 반도체 공정기술/반도체 제조사(삼성전자, SK하이닉스 등)

[무슨 말이 필요할까요, 최고의 회사에게]

　삼성전자를 목표로 하며 학사, 석사 과정을 결정했습니다. 삼성전자에서 반도체 공정기술이란 무에서 유를 창조하는 것, 전인미답의 순간을 함께하는 것이라 생각합니다. 세상의 어떤 기업도 하지 못했던 일을 선배, 후배님들과 만들어나가는 것이기에 가치 있다고 생각합니다.

[최고의 회사에서 제 몫 찾기]

　설립된 지 반백년이 넘었고, 종업원 수가 11만 명이 넘는 초거대 글로벌 기업이므로 각자의 역할 범위는 분명합니다. 제가 맡은, 제 몫을 다해내면서 회사와 같이 성장해 나가고 싶습니다. 그리고 이를 위해 두 가지를 약속합니다.

첫째, 타 공정 선배님들과 친분을 쌓아두겠습니다.

8대 공정은 모두 수율 향상이란 공동의 목표를 가지고 있습니다. 그 과정에서 공정 간 협업은 필수적이며, 협업이란 좋아하는 사람과 함께 할 때 더 효율이 좋습니다. 그러므로 제가 먼저 좋은 사람으로 인정 받도록 노력할 것입니다.

둘째, 업계와 학계 내 교류를 끊임없이 지속하겠습니다.

공정 개선 솔루션을 제시하기 위해서는 최신 정보를 꾸준히 습득해야 한다고 생각합니다. 회사 내부 스터디는 물론, 학계 인맥을 활용하여 정보를 얻으며 공부하겠습니다. 제가 2학년 때 만든 MOSFET 연합 스터디는 현재 8기까지 이어지고 있습니다. 이렇게 공부하려는 열정과 차곡히 쌓이는 인적 네트워크를 통해 제 업무에 전문성을 키워 가겠습니다.

여기서 두 번째 문단의 시작부가 바로 Bridge 문장이다. 그 문장을 통해 자연스레 두 가지 약속을 말할 것이라고 서론부를 끌어갈 수 있었고, 그 뒤에 바로 두 가지 약속을 앞서 말한 직무에 맞춘 내용으로 서술했다. 이 글에 나온 Bridge 문장은 삼성이나 SK하이닉스처럼 큰 기업에서만 서술될 수 있는 글이긴 하다. 이보다 더 범용적으로 쓰일 수 있는 컨셉을 만들어 놓는다면 바로 '복사+붙여넣기'로 여러 회사에 써먹을 수 있다.

이 예시에서는 지금 당장 할 수 있는 일들이 쓰였다. 첫 번째는 친화력을 발휘해서 사람들과 친해지겠다는 이야기이다. 친화력이야 당연히 어느 직무에든 중요하지만, 그것을 서술함에 있어서 왜 필요한지에 대한 내용은 직무 공부를 해야지만 가능하다. 공정 개발 부문에서 업무를 할 때 타 공정 엔지니어들과 다각도로 협업해야 한다는 것을 직무 공부를 통해 알아냈고 배치한 글이다. 두 번째 역시 스터디를 만드는 열정과 업계 내 인맥을 통해 꾸준히 정보를 습득하고 공부하겠다는 내용이 담겨져 있다. 이 역시 직무 공부를 해서 필요한 역량/성격을 뽑아냈기에 서술이 가능했다.

예시를 보면 느껴지겠지만, **입사 후 포부는 한 번만 만들어놓으면 여러 회**사에 '복사+붙여넣기'가 가능한 쉬운 질문이다. 이제까지 회사를 만날 때마다 새로 썼다고 한다면, 그 이유는 역시 직무분석으로 접근하지 않았기 때문일 것이다.

회사나 산업은 정말 많이 있지만, 직무는 크게 바뀌지 않는다. 우리는 자기소개서를 효율적으로 써야하기 때문에, 이러한 입사 후 포부에 관한 세팅이 모든 회사들에게 100% 적중하지는 않을지라도, 적어도 자기소개서를 쓰는 시간의 효율성 측면에서는 최상이라고 권할 수 있다. 한번 따라서 만들어보라. 입사 후 포부를 묻는 질문이 나오면 반가워질 것이다.

입사 후 포부 작성 꿀팁

❶ 입사 후 포부는 직무분석을 한 후, 그 직무에 맞게 '내가 당장이라도 할 수 있을 만한 일'을 서술하는 것이 핵심이다.

❷ 그것을 서술하면서 직무에 맞는 성격/역량이 드러나면 좋다. 하지만 꼭 드러나지 않아도 되며, 직무에 맞지 않는 성격이라도 '사회생활'을 잘한다는 느낌만 준다면 대성공이다.

❸ 주장하는 바를 자연스레 연결시키기 위한 Bridge 문장을 만들어야 한다. 그리고 두 개 정도의 직무나 성격을 어필할 수 있는 내용을 배치한다. 그리고 복붙하자. 무한 복붙.

PART

04

한 시간 만에 쓰는
자소서 작성법

누가 봐도 뽑고 싶은
이공계 자소서

Chapter 01

평가자가 두 번 읽게 만드는 공대생 자소서 전략

오디오북 서비스

가장 기본적이지만 많은 공대생이 실수하는 부분이 바로 문장 구성이다. 내용을 구성할 때 서론 – 본론 – 결론을 짜임새 있게 구성해야 좋은 평가를 받을 수 있지만, 많은 공대생이 작성한 자기소개서를 읽어보면 지나치게 서론에 치우친 경우가 많다. 하단에 제시된 자기소개서를 살펴보면 상황이 절반 이상을 차지하는 것을 알 수 있다. 이러한 자기소개서의 문제는 지원자의 행동이 불명확하고, 어떤 역량을 보여주려고 하는지 알 수가 없다. 특히, 서론에서는 해당 항목에서 말하고자 하는 핵심 역량이 나와야 하지만, 나열로 인하여 집중을 받기 어렵다.

> 팀원들과 호흡을 맞춰 경연에서 1등을 차지하였습니다. 경연 준비는 혼자 할 수 있는 수준이 아니었습니다. 팀과 함께 하는 프로젝트였기에 팀원들과 다양한 의견을 공유하고 함께 준비를 끝마쳐야 했습니다. 경연을 준비하며 제일 큰 애로사항은 팀원들과의 화합을 이끌어내는 것이었습니다. 다른 조들과 차별화를 주기 위해서는 실습 주요 대상인 20~30대에 맞춰 대본의 수정이 필요했습니다. 팀원들 모두 차별화를 줘야 한다는 점에서 동의하는 모습을 보여주었지만, 어떻게 차별화를 주어야 하는지에 대해서는 의견이 분분한 상황이었습니다.
>
> "20~30대에 맞춰 대본을 수정하자"와 "역할연기를 통해서 모의 연습을 더 하자"라는 줄다리기 사이에서, 우리 팀은 두 가지 선택을 모두 하였습니다. 서로 편 가르기를 하며 관계가 망가지면, 결국 팀워크가 깨지기 때문이었습니다. 그 결과, 10명 중 6명은 타깃에 맞춰서 진행하였고, 나머지 4명은 모의 연습을 하면서 상대가 전달하기 쉬운 말하기로 대본을 수정할 수 있었습니다. 그 결과 우리 팀은 타깃에 맞는 적절한 내용을 고객에게 쉽게 전달하며 경연에서 1등을 차지하게 되었습니다.

안정감 있고, 완성도 높은 자기소개서를 작성하기 위해서는 서론을 최대한 줄여야 한다. 서류를 검토하는 사람들이 알고 싶은 것은 경험의 상황이 아니라 어떠한 과정을 통해서 문제를 해결하였는지, 근거는 무엇인지 등을 알고 싶어 한다. 하지만, 지원자들은 구체적인 스토리를 적겠다는 이유로 가장 중요한 본론을 상세하게 적지 않는다. 이미 상황을 구체적으로 기술하다가 글자 수가 부족하거나 본론에 어떤 내용을 기술해야 하는지 제대로 알지 못하는 경우가 대부분이다.

따라서 자기소개서를 작성할 때는 무엇보다 본론이 서론과 결과보다 더 자세하게 작성되어야 한다. 그래서 '서론 10% : 본론 70% : 결론 20%'로 문장을 구성해서 자기소개서를 작성하면 기존에 하던 실수를 줄일 수 있다. 본론을 많이 적는 것에 부담감을 느낄 수도 있다. 하지만 문제를 파악하여 정확한 목표를 정하고, 원인과 분석 단계를 통해서 문제로부터 도출된 근본 원인을 효과적으로 해결할 수 있는 최적의 해결방안을 수립하는 단계를 기술하면 된다. 그리고 구체적인 실행계획을 통해서 문제를 해결해 나가는 모습을 적는다면 지원자의 문제해결 절차를 엿볼 수 있다.

1 : 7 : 2
서론   본론   결론

    다음의 예시는 상단에 제시된 것보다 상황이 절반으로 줄어든 것을 확인할 수 있다. 그리고 팀원의 역량을 파악해서 문제를 해결하였고, 팀워크를 유지하는 구체적인 기준이 무엇이었는지 본론에서 확인할 수 있다. 하지만, 서론 10% : 본론 70% : 결론 20% 와 비교하면 아직 부족하다.

EX_2 🔍 서론이 줄어든 자기소개서(30%)

팀원들과 호흡을 맞춰 'KB생명보험'을 주제로 영상을 제작하라는 과제에서 1등을 차지했습니다. 팀과 함께 하는 프로젝트였기에 팀원들과 다양한 의견을 공유하고 함께 준비를 끝마쳐야 했습니다. 다른 팀들과 차별화를 줘야 한다는 점에서 동의했지만 어떻게 차별화를 주어야 하는지에 대해서는 의견이 다양했습니다.

회의 끝에 단순히 '보험', 'KB'에 초점을 맞추기보다는 'KB생명보험의 미래'를 주제로 인재의 중요성을 강조하는 동영상을 제작하기로 협의했습니다. 대본 작성부터 역할극, 동영상 편집까지의 다양한 업무를 빠른 시간에 끝마치기 위해서는 팀원들의 역량 파악이 최우선이었습니다. 10명의 팀원이 각자의 강점을 살릴 수 있도록 의견을 종합하여 역할을 배분했습니다. 또한, 영상을 제작하는 과정에서 의견 불일치가 있을 때마다 다수결로 의견을 조율해가며 팀워크를 유지했습니다. 이렇게 모두가 만족하는 결과물을 제작하기 위해 매 순간 협의하고 의논한 결과 1등이라는 결과물을 얻을 수 있었습니다.

끝으로 서론을 다음과 같이 10%까지 줄이면 확실한 차이를 비교할 수 있다. 기존보다 본론을 구체적으로 기술할 수 있는 만큼 어떤 생각으로 행동을 했는지, 결과를 끌어내기 위해 어떤 노력을 했는지 더 상세하게 기술할 수 있다. 특히, 서론에서 핵심문장을 기술한 만큼 본론과 결론을 일관성 있게 작성할 수 있다.

효율적인 동영상 완성의 핵심은 팀원들과의 치밀한 업무분담이었습니다. 저희의 업무 효율성은 'ONE-DAY' 활용 방법이었습니다. 가장 좋았던 점은 팀 프로젝트에서 많이 발생하는 "이 업무는 네가 해줘, 나는 오늘 약속 있어."를 예방한 점입니다.

팀원들 각자 주제 선정부터 대본 작성, 역할극, 동영상 촬영과 편집 등 맡은 업무에 대한 개인별 목표가 있었습니다. 단, 목표를 제대로 달성하지 못하면 핸디캡과 책임이 뒤따랐습니다. 이러한 적당한 압박감은 팀원들을 고무시켜 기존보다 과제 완성도를 높였습니다. 우리 팀이 진행한 'ONE-DAY 업무분담'은 쉽지 않았습니다. 팀원들의 업무 성향, 속도 등을 정확하게 확인하기란 사실상 불가능했습니다. 특히, 업무를 케이크 쪼개듯 정확히 나눌 수 없어 팀원 모두를 만족시키는 데 어려움을 겪었습니다. 그래서 저는 업무분담에 하루를 온전히 활용하여 팀원들의 특성을 파악한 후 업무 분배에 따른 책임과 억압을 정했습니다. 그래서 우리 팀이 만든 "KB 미래의 인재는 우리다" 동영상은 업무분담으로 이뤄낸 진정한 팀워크라고 할 수 있습니다.

이렇듯 차별화된 스토리텔링은 같은 경험이라도 어떻게 구성을 하는가에 따라서 크게 달라진다. 같은 경험이라도 지원자마다 해결방법이 다르고, 그 과정에서 배우고 느끼고 깨닫는 것이 다를 수 있다. 지금처럼 상황만을 기술한다면 지원자가 어떤 사람인지 제대로 보여주기 어려우니 최대한 구체적인 과정을 통해서 핵심 역량을 기술해야 한다.

Chapter 02

합격하는 공대생의 자소서 작성법

최근 자기소개서에서 가장 중요하게 다뤄지는 문항은 바로 '직무 역량'이다. 기업은 직무에 대해 정확히 이해하고 입사한 지원자가 실무적응도가 높고, 만족도 역시 높다는 이유로 공대생들의 직무 역량을 확인하고자 한다. 그러다 보니 많은 공대생이 직무에 대한 이해를 높이고자 돈을 내서라도 직무교육을 받으려고 한다. 그런데 기업에서 원하는 직무 역량과 공대생이 생각하는 직무 역량과는 차이가 있다. 이를 이해하고 자기소개서를 작성할 수 있어야 역량을 강조하는 자기소개서를 작성할 수 있다. 그래서 공대생들이 많이 지원하는 직무 중 '생산관리'를 통해서 합격하는 '직무 역량' 작성방법을 공유하고자 한다.

만약 '생산관리'를 목표로 준비 중인 취업준비생이라면 내가 지원한 직무가 무엇을 하는지 분명히 파악하고, 자신이 생산관리 직무를 수행 가능한 준비된 인재임을 반드시 보여야 한다. 이처럼 직무에 대한 이해를 바탕으로 작성된 자기소개서는 직무에 대한 충분한 이해와 경험 및 자신의 사고를 일목요연하게 작성할 때 읽는 이로 하여금 공감을 끌어낼 수 있다.

직무 역량 자기소개서에서 강조해야 할 핵심 포인트

생산관리에 가장 중요한 능력 중 한 가지가 '문제해결능력'이다. 그러다 보니 공대생은 직무 역량을 묻는 자기소개서 문항에 문제해결능력을 많이 강조한다. 하지만 대부분이 왜 문제해결능력이 필요한지 구체적인 상황이나 이유는 고민하지 않는 편이다. 실제로 생산관리 직무에서 계획수립이 필요한 이유는 여러 가지이다. 따라서 내가 지원한 기업에서 맡아야 할 생산계획 수립이 생산방식(투입원료/공정)에 따른 계획과 얼마나 관련이 있는지 고민이 필요한 것이다. 그런데 무작정 "수율 극대화를 추진하겠습니다.", "저는 어떤 상황이든 해결을 할 수 있습니다."라고 기술한다. 하지만, 실제로 나와야 하는 내용은 다양한 경험을 통해 내가 직무에 대한 이해도가 있음을 보여주어야 한다.

EX_1 🔍 생산관리 직무 예시

지원 직무	주요 과업	직무 역량	직무 수행 내용	관련 경험
생산관리	생산계획 수립	문제해결	수율 극대화, 목표 설정	의류 창고, 박스 적재방식 변경

의류 창고에서 상품 출하 시 박스 적재방식을 바꿔 비용을 대폭 줄였습니다. 의류 창고의 경우 상품 출하량이 증가할수록 재고 공간 확보 및 운송료를 줄일 수 있어 창고 유지비용이 감소했습니다. 제가 일했던 의류창고는 상품 입고에서는 문제가 없었지만 출하에서 문제가 있었습니다.

박스를 적재할 시 한 차량에 192개의 박스를 적재하는 정해진 방법이 있었는데 그 방법대로 적재하다 보면 중간에 틈이 생겨 상당히 비효율적이라는 생각이 들었습니다. 이 점을 눈여겨보고, 쉬는 시간을 이용해 차량 적재공간의 크기, 박스의 크기를 실측하여 가장 효율적인 적재 방법을 계산한 후, 출하 업무를 할 때 이론적으로 계산한 방법이 실제로 가능한지 확인하는 작업을 했습니다. 그 결과 빈 공간을 최대한 줄이는 적재 방법을 찾아 한 차량에 198개의 박스를 실어 이전 방법보다 6개를 더 실을 수 있게 되었습니다. 하루 평균 3~4대의 차량에 적재를 하고, 차량운송료가 1회 평균 300,000원이라는 점을 고려한다면, 10일마다 한 대의 운송비용을 줄일 수 있었습니다. 내게 주어진 출하 업무에서 효율을 극대화하자는 목표를 위해서 끝까지 계획적으로 움직여 이뤄낸 결과였습니다.

이렇듯 주요 과업과 필요 역량을 어떻게 선정하는가에 따라서 내가 가진 경험을 직무 역량으로 연결할 수 있다. 아래 예시를 보면 같은 직무지만 주요 과업과 직무 역량에 따라서 직무수행 내용과 관련 경험이 달라지는 것을 확인할 수 있다.

EX_2 🔍 **생산관리 직무 예시**

지원 직무	주요 과업	직무 역량	직무 수행 내용	관련 경험
생산관리	인력관리	커뮤니케이션	현장직 관리, 민원 처리, 근태 관리	현장 담당자 인터뷰

현장직을 원활하게 관리하기 위해서는 '커뮤니케이션'이 필요합니다. 생산관리 특성상 현장에서 근무하는 많은 인력을 관리하다 보면 여러 이슈가 발생할 수 있는데, 이때 저는 자신감 넘치는 태도로 커뮤니케이션을 할 수 있습니다.

과거 인턴 근무 당시 100여 명의 아파트 및 빌딩 내 현장 담당자들을 만나 인터뷰를 하며 느꼈던 점은 남자다운 자신감을 중시한다는 점입니다. 대부분의 현장 담당자들이 남자는 자신감 있는 태도가 중요하다는 이야기를 해주었고, 상대에게 신뢰를 주어야 한다고 조언해 주었습니다. 직무 특성상 항상 건물에 상주하여 사람들의 안전을 책임지고, 경비·미화·시설 관련 파견근무자들을 많게는 50명 이상 관리하다 보니 생겨난 직업적 특징인 듯 보였습니다. 이렇듯, 인터뷰 회차가 늘어날수록 제 아버지뻘인 분들과 자신감 넘치는 태도로 커뮤니케이션을 할 수 있었고, 현장 담당자들의 신뢰를 얻을 수 있었습니다.

직무 역량 찾기, 핵심은 세부 역량

앞서 직무수행 내용을 기반으로 자기소개서를 작성하였다면 직무 세부 역량을 선정해서 자기소개서를 기술할 수 있다. 여기서 세부 역량은 내가 선정한 직무 역량을 어떻게 성장시켜 왔는지와 이어진다. 그렇다면 공대생들이 가장 많이 넣는 직무 중 'R&D'를 통해서 세부 역량을 찾아보려고 한다.

R&D를 지원할 때 가장 많이 언급하는 역량 중 하나는 '도전정신'이다. 이때 도전정신을 강조하기 위해서 무작정 공모전 참여, 프로젝트 진행 등의 경험을 기술한다.

하지만, 기업에서는 지원자가 도전정신을 키우기 위해 어떤 추가적인 행동을 하였는가를 알고 싶어 한다. 그 과정에서 남들과 다른 행동이 무엇인지를 관찰하고자 하는 것이다. 따라서 내가 지닌 도전정신을 깊게 고민했다면, 포기하지 않는 자세, 적극적 해결, 창의적 사고, 문제처리능력 등 다양한 세부 역량을 강조할 수 있다. 이처럼 핵심 키워드를 제대로만 선정한다면 R&D로서 직무역량을 갖추고 있음을 기술할 수 있다.

EX 🔍 R&D 직무 예시

지원 직무	주요 과업	직무 역량	세부 역량	관련 경험
R&D	실험 과제	도전정신	포기하지 않는 자세	논문 리비전 수행

[최종 논문 등재, 포기보다는 도전으로 이뤄낸 결과]

일주일 내에 ChemElectroChem 저널에 투고한 논문의 리비전을 수행해야 했습니다. 해당 저널에서 투고한 연구 성과의 통과 여부가 판가름 나는 중요한 단계였지만, 리뷰어가 요구한 금 나노 입자의 전기화학적 발광 효율을 구하는 것은 목표의 달성 가능성이 굉장히 낮아 보였습니다. 특히, 교신 저자인 지도 교수님께서 미국으로 출장을 가는 바람에 실시간 소통이 안 되다 보니 모든 과정을 스스로 선택하고 결정해야 했습니다.

기한 내에 리비전을 마칠 수 있을지 걱정이 앞섰습니다. 하지만 주어진 상황의 장애물에 주저앉기보다는 가능하다는 마음가짐으로 도전을 선택했습니다. 교수님의 조언이 필요했던 저는 텍사스와의 시차를 극복하고자 연구실에 새벽에 나와서 밤까지 무수한 실험을 하는 것으로 계획을 세웠습니다. 그리고 하루 동안 실험으로 얻은 결과를 정리해서 교수님께 메일을 보냈고, 다음 날 아침에 답신을 받는 것으로 최선의 대안점을 찾을 수 있었습니다. 이를 통해서 저는 금 나노 입자의 전기화학 발광 효율을 루테늄 복합체의 전기화학 발광에 대한 상댓값으로 구하는 방식을 선택했습니다. 이 과정으로 1주 안에 불가능하다고 판단했던 리비전을 무사히 통과하였고, 본 연구 결과는 독창적인 연구로 인정받아서 2020년 7권 5호의 표지 논문으로 저널에 선정될 수 있었습니다.

작성된 자기소개서 내용을 살펴보면 지원자의 도전정신을 '끝까지 포기하지 않는 자세'에서 확인할 수 있다. 이때 주의할 점은 자기소개서를 작성할 때 1차원적인 분석을 통해 스토리를 이어 가서는 안 된다. 예를 들어 앞서 경험 중에 논문 리비전이 힘이 들었지만 끝까지 했다는 경험만 기술한다면 직무 역량을 강조할 수 없다. 이 안에서 내가 도전이라고 생각한 이유는 무엇이었는지, 포기하지 않고 추가로 했던 노력은 무엇인지 등 지원자의 생각이 포함되어야 한다. 무작정 도전이었기 때문에 역량이 있다고 한다면 전혀 공감할 수 없다. 하지만 자신만의 생각과 관점으로 핵심 키워드와 연관성을 찾는다면 작은 경험도 직무에 맞는 좋은 경험으로 재탄생할 수 있다.

즉, 누구나 경험했던 전공 수업, 아르바이트, 인턴 등으로 R&D 키워드에 맞는 자신만의 역량을 보여줄 수 있다. 인턴, 실험과제 등과 같은 공대생이 생각하는 좋은 경험보다 중요한 것은 자신의 관점이 무엇보다 중요하다는 것을 기억하자.

눈에 띄고, 쉽게 쓰는
소제목 작성법

많은 공대생이 자기소개서를 작성할 때 소제목을 작성한다. 그런데 막상 작성하는 이유를 물어보면 남들도 다 쓰니까 소제목을 작성한다는 응답이 가장 많다. 그만큼 소제목을 작성할 때 특별한 목적 없이 쓰는 지원자가 많다는 뜻이다. 그렇다면 소제목을 작성하는 이유는 무엇일까?

인사담당자마다 소제목에 대해서 생각 차이는 있지만 공통적으로 하는 말이 있다. 그것은 자기소개서 소제목만 봐도 그 자기소개서 잘 작성되었는지, 아닌지를 바로 알 수 있다는 점이다. 이는 제목이 내용을 함축적으로 담고 있는 만큼 중요하다고 볼 수 있다. 그만큼 중요한 소제목인데, 막상 자기소개서를 작성하려고 하면 생각이 나지 않는다. 글을 쓸 때 제목이 가장 작성하기 어렵지만, 몇 가지 중요사항만 기억하면 좋은 평가를 받을 수 있다.

절대 쓰면 안 되는 소제목

소제목은 추상적이면서 포괄적인 내용으로 작성하지 않는 것이 좋다. 쉽게 말해서 내용과 상관없거나 두루뭉술한 단어를 사용하면 안 된다는 뜻이다. 포괄적이고 추상적인 소제목은 지원자가 어떤 의도를 보이는지 알 수 없어서 설득력을 줄 수 없다. 아래 소제목은 추상적이고 포괄적으로 되어 있다. 막연하게 '세심함의 양면성'이라고 한다면 이 지원자가 어떤 세심함을 지녔는지 알 수가 없다. 서류를 검토하는 사람은 '깊이 생각 안 했구나'라는 판단이 서고 이는 곧 점수로 이어질 것이다.

EX 🔍 추상적인 소제목 예시

[세심함의 양면성]
　단순한 문서의 작성은 물론, 자료의 수집과 분석에 있어서도 지엽적인 요소까지 놓치지 않는 세심함이 제 강점입니다. 그러나 이는 사소한 업무를 수행하게 되더라도 실수를 최소화하기 위해, 준비 단계에서부터 많은 시간을 투자한다는 단점으로 작용하기도 합니다. 이러한 단점을 인지한 이후로는, 정해진 업무 마감일보다 조금 빠르게 저만의 완료 목표일을 설정해두고 있습니다.

　또한, 전체적인 연간 일정을 함께 파악하여, 추후 하달될 업무를 미리 준비해두는 편입니다. 이와 같은 노력을 입사 후에도 이어가며, 불필요한 시간의 낭비를 최소화할 수 있도록 하겠습니다.

이처럼 많은 지원자가 추상적인 표현을 쓰는 이유는 간단하다. 소제목을 쓰면서 깊은 고민을 하지 않기 때문이다. 자세히, 구체적으로 작성하기 위해서는 그만큼 전체 내용을 포괄하거나 역량을 보여줄 수 있는 고민이 필요하다.

남들이 다 쓰는 무난한 소제목

수많은 지원자가 작성한 자기소개서를 보면 남들과 유사한 소제목을 더러 보게 된다. 이미 책상에는 천 명 이상의 지원자들이 작성한 자기소개서가 있는 만큼 인사담당자가 이를 모두 읽기에는 시간이 허락해주지 않는다. 그렇다면 수많은 자기소개서 중에 좋은 자기소개서를 어떻게 찾아낼까? 기관이나 사람에 따라서 차이는 있지만 많은 인사담당자가 소제목을 보고서 좋은 자기소개서를 골라내기도 한다.

이때 소제목은 뻔한 내용을 벗어나 인사담당자의 호기심을 끌어내야 외면받지 않는 자기소개서가 되는 것이다. 즉 소제목이 눈에 띄면 자기소개서도 눈에 띄는 것이다. 따라서 평범한 소제목이 아니라 지원자의 개성을 보여줄 수 있는 차별화된 소제목이 필요한 것이다. 아래의 내용을 살펴보면 누구나 기술하는 평범한 내용임을 알 수 있다. 분명, 지원자의 역량을 강조하면서 작성한 소제목이지만 하루에도 수백 개의 서류를 보는 인사담당자 입장에서는 평범한 소제목이라고 볼 수 있다.

EX 🔍 평범한 소제목 예시

[책임감을 다해서 이뤄낸 성과]

저는 별 측량 동아리 활동을 하면서 창립회, 교내 및 한강에서 진행한 야외 관측회, 원거리 관측회 등 다양한 활동 운영을 지원하였습니다. 동아리원들의 목표는 동아리 홍보를 통해 여러 좋은 사람들과 교류하고 동아리에 대한 애정과 자부심을 갖는 것이었습니다. 학업과 아르바이트를 병행하며 진행하였기에 서포터의 역할을 수행하였습니다.

보다 다양한 사람들을 만나고 싶어서 가입한 동아리였기에 같은 바람이 있는 친구들에게 동아리 소개와 가입을 권유하기도 하였습니다. 신입생들에게는 동기들을 소개하고 따로 후배들을 모아 밥을 사주며 겉도는 느낌이 들지 않도록 하였습니다. 맡은 임무와 기수에 상관없이 모두 함께 노력하여 동아리 활동 기간 내 회원 수 100명대의 인기 동아리로 자리매김할 수 있었습니다.

따라서 자신만의 소제목을 만들기 위해서는 자신만의 특징이 보일 수 있는 새로운 표현을 넣어야 한다. 그 과정에서 남들과 다른 소제목이 나오며, 좀 더 인사담당자의 눈을 사로잡을 수 있다.

누가 봐도 과장된 소제목

앞서 내용을 읽은 지원자라면 무조건 인사담당자의 눈길을 사로잡아야 한다고 오해할 수 있다. 그러다 보면 눈에 띄는데 집중한 나머지 무리하게 자극적인 문구로 소제목을 작성하기도 한다. 인터넷 기사 제목이나 광고 문구처럼 작성된 내용과 무관한 내용으로 소제목이 작성될 수 있다. 여러분 또한 한 번쯤은 제목만 보고서 광고성 기사에 낚인 경험이 있을 것이다. 그럴 때 '이게 뭐야?' 하면서 뒤로 가기를 클릭하듯이 인사담당자도 똑같다. 내용은 별거 없는데 소제목만 화려하다면 좋은 평가를 받기는 어렵다는 점을 알아둬야 한다.

EX 🔍 과장된 소제목 예시

> **[본질의 공통분모]**
>
> ○○○○○ 센터는 국내 유일 민간인정기관으로서, 국내에서는 인정업무를 수행하는 한편, 대외적으로는 우리 기업이 국내에서 받은 인증이 해외에서도 인정받을 수 있도록 해외 인정기관과 국제기구와 협력하며 세계무역의 주역으로서 활약하고 있습니다. 신흥국과 선진국을 가리지 않고 실무 경험을 쌓아온 저는 이러한 한국인정센터의 본질적 역할, 그리고 그에 요구되는 역량과 명백한 공통분모를 가진 지원자이기에 지원하게 되었습니다.
>
> 입사 후에는 ○○○○○ 센터의 일원으로서, 다음과 같이 능동적으로 관리원의 발전에 이바지하고자 합니다. 유관 국제기구 또는 단체와의 협력 및 다자간 상호인정협정의 업무지원 과정에서 작성되는 각종 대내외용 문서를 가시성 높게 작성하도록 하겠습니다. 저는 국제기구인 APTA(아시아–태평양 무역협정) 사무국에서 무역협정의 상임위원회 운영업무를 담당하며 초청장부터 의제 설정, 개회사 등 전달력 높은 자료를 만들었던 경험이 풍부합니다. 이를 바탕으로, 외부인과 내부인 모두를 대상으로 가시성 높은 문서 기반의 소통을 추구하겠습니다.

'본질의 공통분모'라는 소제목을 보면 무언가 있어 보이지만 전체 내용과 비교하면 과장된 소제목이란 점을 알 수 있다. 어떤 점이 공통분모인지, 공통분모를 통해서 어떤 의미가 있는지 자기소개서로는 알 수 없다는 점이 더 문제라고 볼 수 있다. 이처럼 제목만 거창한 속 빈 강정 느낌을 주는 소제목은 서류에서 끝까지 좋은 평가를 받기 어렵다는 점을 알아두기 바란다.

그렇다면 소제목은 어떻게 쓰면 좋은 평가를 받을 수 있을까? 크게 2가지를 기억하면 소제목을 작성할 때 좋은 평가를 받을 수 있다.

자기소개서 질문에 대한 답변과 관련된 소제목을 작성한다

두괄식으로 기술하고 빠진 내용을 기준으로 작성하면 된다. 만약 어떤 전문성을 가지고 있냐고 물어보면 가지고 있는 전문성에 대해서 이야기하고, 입사 후 포부를 물어보면 포부를 말하면 된다. 이처럼 질문의 의도에 맞는 답을 하는 것이 가장 중요하다. 아래 예시처럼 질문의 의도에 맞게 꼭 어필하고 싶은 내용을 간결하게 요약한 소제목으로 작성하면 좋다.

> **EX** 🔍 **간결하게 요약한 소제목 예시**
>
> **Q** 자신이 지원한 분야에서 뛰어난 전문가가 되기 위해 기울이고 있는 노력에 대해 구체적으로 작성해 주시기 바랍니다.
>
> [성장의 원동력, 모든 업무에 주인의식 가져]
> 현재 전자부품연구원에서 스마트에너지를 주제로 연구를 진행하고 있습니다. 업무 초반에는 수동적인 자세로 제 업무를 담당하기에만 급급해 제대로 역량을 발휘하기 어려웠습니다. 하지만 문제는 제 자신의 주인의식에 있었습니다. 학교와 회사의 소속 차이는 책임감에서 커다란 차이가 있었으며 개인주의, 수동적이고 개인적인 업무 자세로는 전체적인 흐름을 이해하고 문제점까지 제안할 수 있는 전문적 시야로 발전할 수 없었습니다. 그 후 스스로 변화하기로 했습니다. 맡은 업무는 빠르고 역동적으로 움직이며 능동적인 자세로 임하였고, 상사에게 먼저 다가가 조언을 얻었습니다. 이제는 GML기반 표준화 제안 임무를 수행하거나 산업용 데이터 교환 아키텍처 관련 과제를 홀로 수행하면서, 과제의 목적 및 목표 등 전체적인 흐름을 이해하며 가장 먼저 구현해야 할 기술을 계획하여 능동적으로 수행하고 있습니다.

전체 내용을 압축한 소제목을 작성해야 한다

소제목은 전체 문장을 유추하고, 앞으로 어떤 내용이 나올지 짐작할 수 있도록 글의 몰입도를 높여준다. 특히, 전체적인 내용을 함축적으로 보여줄 수 있어야 하며, 소제목만 읽으면 뒤의 내용을 충분히 짐작할 수 있어야 한다. 그런데 많은 공대생이 작성한 소제목을 보면 내용을 함축하기보다는 튀는 소제목을 기술하려고 한다. 아래 예시처럼 전체 내용을 포괄할 수 있는 내용으로 소제목으로 기술하면 좋다.

EX 🔍 전체 내용을 압축한 소제목 예시

[남들과 다른 생각, 공모전 '대상' 수상]

공모전에서 저희는 기존과 다른 방식을 적용했습니다. 대학 때 배웠던 트리즈를 활용해 태양광 패널과 블라인드를 결합한 '솔라인드'를 제작했습니다. 이는 태양광 패널의 효율을 최대로 끌어올리고, 기존과는 다른 방식의 실험이라는 점에서 의미가 있었습니다.

'이리저리 테이블' 프로젝트에서 실험했던 태양광 패널 전류 값에 추가로 패널의 각도를 변경해 가며 최대 전류를 얻는 실험을 했습니다. 또한, 조도 센서를 활용하여 태양의 움직임에 따라 패널도 함께 움직일 수 있는 기술을 생각해 적용했고, 패널을 움직이는 애플리케이션 코딩을 보조했습니다. 추가로 일반적으로 고정된 블라인드와 달리 블라인드의 아랫면을 들어 올리는 방법을 적용하여 태양광 패널의 효율을 최대로 끌어올렸습니다. 이처럼 기존과 다른 방법과 기술을 적용한 결과 새로운 작품이 나왔으며, 대상과 상금 300만 원을 받을 수 있었습니다.

그 외에는 거창하게 기술하기보다 핵심만 기술하는 것이 필요하다. 특히, 눈에 띄게 작성하기 위해서 사자성어, 격언, 속담, 한자 등을 사용하여 강조하는 소제목을 자주 볼 수 있는데 이는 오히려 좋지 못한 평가로 이어질 수 있다. 소제목을 작성하는 데 답은 없지만 쓰다 보면 방향을 잡을 수 있다. 위에 언급된 내용 외에도 수치화시키기, 진정성 담기 등 여러 방법이 있지만 가장 중요한 것은 남들과는 다르지만, 자기소개서 내용을 모두 담을 수 있는 소제목임을 기억하기 바란다.

Chapter 04

누가 봐도 뽑고 싶은
명품 자소서 작성법

자기소개서를 작성하는 방법은 인터넷, 유튜브, 책 등에서 다양하게 소개되고 있다. '가독성을 지켜라', '차별화를 주어야 한다', '과장을 해서는 안 된다', '일관성 있게 작성해야 한다' 등 전문가마다 자신만의 방법을 소개하고 있다. 이러한 작성 방법 중에 틀린 방법은 없다. 내가 얼마나 적용할 수 있는지가 중요하다. 자기소개서는 입사하고자 하는 회사 채용담당자에게 보여주는 첫인상으로 내 역량과 경험을 효과적으로 어필할 수 있는 글이 되어야 한다. 이를 위해 노력하다 보면 간혹 자기소개서가 자소설로 변질되는 경우가 있지만, 그럴듯한 말로 꾸며낸 거짓말이 아니라 진정성과 솔직함을 담아야 한다는 의견에는 모두가 동의할 것이다.

그렇다면 공대생은 자기소개서를 작성할 때 어떤 내용을 강조해야 할까? 이 회사에 그리고 직무에 내가 꼭 필요한 사람이라는 것을 어떻게 설명해야 채용담당자를 납득시킬 수 있을까? 이 질문에 일치하는 자기소개서란 무엇일까? 물론 기업마다 자기소개서를 평가하는 평가 요소와 가중치를 두고 있는 부분은 다르다. 하지만 공통적으로 중요한 부분은 있다. 많은 취업준비생들이 놓치는 기본 원칙을 설명하고자 한다.

첫째, 질문 의도 파악, 직무역량을 행동으로 보여야

자기소개서에서 자주 등장하는 문항이 있다. 대표적으로 도전정신, 실패경험, 대인관계 등을 쓰는 문항으로 구직자는 자신의 경험을 바탕으로 작성해야 한다. 만약 '최근에 갈등을 해결한 경험에 대해 이야기해 보시오.'라는 문항이 주어졌다. 이때 문항의 의도는 설득, 협상 등을 통해 갈등을 해결하는 방법을 보기 위함이다. 그렇다면 이 문항에 써야 할 내용은 '자신의 역할에서 최선을 다했는가? 적절한 대안이었는지? 해결 과정에서 또 다른 어려움은 없었는지? 결과는 만족하는지?' 등이다. 인사담당자는 이를 통해 지원자의 행동과 직무능력을 확인할 수 있다.

자기소개서에 실제 경험한 일을 바탕으로 솔직하게 답변하는 것이 가장 모범적인 답변이 될 것이다. 여러 자기소개서를 살펴보면 행동에 대한 설명보다 상황과 결과에 중점을 두고 작성된 것을 볼 수 있다. 자기소개서는 과거의 경험을 통해서 앞으로의 행동을 예측할 수 있게 해주는 것이다. 때문에 가장 중요하게 작성되어야 하는 것은 행동이다. 하지만 여전히 많은 공대생들은 문항에서 의도하는 행동을 보여주기보다 자신의 경험이 얼마나 큰 과업이었는지와 결과가 얼마나 좋았는지에만 중점을 둔다. 그러다 보니 매번 적을 만한 경험이 없다는 이야기를 하면서 에피소드를 작위적으로 각색하여 자소설을 만든다. 하지만 이러한 소설은 서류를 무사히 통과할 수 있게 해줄지 몰라도 면접에서 반드시 진실이 드러나게 된다.

Before

[명확한 근거와 공감가능한 해결책 제시로 설득하다]

상대가 걱정하는 부분을 해결해줄 수 있는 명확한 근거와 다른 팀원이 만족할 수 있는 대안을 제시해 소통하여 목표를 이룬 경험이 있습니다. 중소기업의 판로 개척을 지원하는 사업단 활동 당시, 기업과 협력하여 8개의 무역전시회에 참가했습니다. 이 과정에서 저와 일부 팀원은 더 많은 전시회 경험을 쌓고자 신규 전시회를 발굴하자는 의견을 냈습니다.

반면 나머지 2명의 팀원은 추가 발굴과 관련한 규정 확인이 어렵고 전시회의 관리 및 참가일정 조정이 어렵다는 이유로 반대했습니다. 의견 충돌로 인해 향후 업무 진행에 차질이 발생할 수 있고, 갈등이 심화되면 팀이 와해될 수 있다는 마음에 설득하기 시작했습니다.

우선, 관련 규정의 재해석을 통해 팀원들의 마음을 돌리고자 사업단 규정과 팀 내의 예산과 이전 기수 선배님들의 조언을 받아 대안을 제시했습니다. 이처럼 상대를 설득할 수 있었던 비결은 의견에 객관적인 근거를 제시하고, 우려점을 해소하는 대안을 제안하는 것이었습니다. 이로 인해 팀원들이 더 많은 전시회에 참여하여 국제 경험을 쌓게 되어 상호 win-win하는 결과를 이루었습니다.

After

[명확한 근거와 해결책 제시, 의견합치 이뤄내]

상대가 반대하는 부분을 해소하기 위해서는 구체적인 근거가 필요합니다. 팀 회의에서 발생한 갈등 '해외 전시회 추가 참여'를 해소할 수 있었던 것은 정확한 계획을 요약한 문서 자료였습니다.

전시회 추가 참여를 위해 신규 협력기업의 발굴을 제안했지만, 일부 팀원이 반대했습니다. 그중 주요 반대 의견은 새롭게 기업을 설득하기에는 많은 시간이 필요하다는 점이었습니다.

저 또한 반대 의견이 어느 정도 타당성이 있다고 판단했고, 이를 해결하기 위해 구체적인 대안을 고민했습니다. 우선 신규 기업을 선정하기 위해 같은 전시회에 참여했던 중소기업으로 범위를 좁혔습니다. 사업단이 수행하던 업무를 현장에서 보았기 때문에, 설득이 쉬울 것이라는 판단에서였습니다. 나아가 사업단의 규정과 중소기업의 특징에 맞춰서 협약 시 혜택들을 고안했습니다. 이러한 내용을 한 장의 문서로 작성해 신규 기업을 설득할 시간이 부족하다는 반대 의견을 잠재우고, 모든 팀원의 만장일치를 이뤄냈습니다.

Before와 After의 자기소개서는 같은 경험을 바탕으로 작성된 것이다. 하지만 두 자소서에는 확연한 차이가 있다. 서두에 제시된 Before 자기소개서는 상황이 장황하고, 그에 반해서 행동이 구체적이지 않다. 가장 중요한 행동이 강조되기보다 상황과 결과를 중점적으로 기술하다 보니 지원자의 갈등 능력을 제대로 확인하기 어렵다. 반면 After 자기소개서는 '정확한 계획을 요약한 문서'를 통해서 대안을 제시하고, 문제를 해결하는 과정을 보여주었다. 지원자가 꼼꼼한 성격이며, 과거 경험, 규정, 사업특성 등을 고려해서 적절한 대안을 문서로 제시하는 직무능력을 갖추고 있다는 것을 확인할 수 있다. 대부분 구직자들이 모범답안처럼 만들거나 자신의 얘기를 강조하다 질문에서 원하는 내용을 놓치는 경우가 적지 않으니 주의해야 한다.

둘째, 가독성, 눈에 띌 수 있는 방법을 사용하자

자기소개서를 작성할 때 많은 사람이 두괄식 작성법을 활용한다. 잘 만든 첫 문장은 때때로 첫째에서 설명한 '행동'보다 가치가 더 높을 수 있다. 이처럼 중요한 첫 문장을 구성할 때 핵심 내용이 들어가야 하는데, 대부분은 경험에 집중한다. 실제로 주변에 떠도는 자기소개서 대부분은 '~한 경험이 있습니다.'로 시작하는 것을 알 수 있다. 인사담당자는 구직자의 경험에서 확인할 수 있는 직무역량이 무엇인지 궁금해 한다. 따라서 자기소개서를 작성할 때 내가 가지고 있는 역량이 무엇인지를 첫 문장부터 정확하게 나타내야 한다.

신문 기사를 보면 큰 글씨의 헤드라인과 작은 글씨의 소제목으로 구성된다. 기사 헤드라인 밑에 정리된 내용만 읽어도 어떤 내용이 언급될 것인지를 이해할 수 있듯, 자기소개서의 두괄식 작성은 본론에 대한 핵심 주제라고 봐야 한다. 두괄식을 읽고 나서 자기소개서를 읽으면 이미 포인트를 이해한 상태이기 때문에 빠른 이해가 가능하다. 이는 논술을 쓸 때와 동일하다고 볼 수 있다.

다음으로 구직자들은 두괄식에서 강조한 경험 또는 역량을 행동에서 재나열하는 실수를 한다. 미국 텍사스주립대학의 인지심리학자 아트 마크먼(Art Markman)은 그의 저서 『스마트 싱킹(Smart Think)』을 통해 너무 많은 정보가 주어지는 경우 혼선이 발생한다고 주장했다. 인간의 뇌는 처리 속도에 한계가 있기 때문에 읽는 이를 배려하는 글쓰기를 해야 한다.

EX 🔍 보는 이로 하여금 시선을 끌 수 있는 자소서

Before

스타트업 공모전에서 구성원들 간의 이전 장벽을 무너뜨리고 적극적으로 협력하여 성과를 창출한 경험이 있습니다. 저를 포함한 3명의 팀원은 각자의 전공 분야를 살려 심리학, 영어교육, IT기술을 반영한 영어 교육용 장난감 개발을 했습니다. 그러나 처음에는 각 분야에 대한 이해수준이 다르다 보니 아이디어를 협의하는 과정에서부터 장벽이 느껴졌습니다.

따라서 각자의 의견을 피력할 때, '상대를 위한' 설명을 제안했습니다. 기술적인 단어들을 쉽게 풀이해서 설명하고, 학문적 이론 용어들을 실용적인 표현들로 바꾸어서 서로의 이해를 도왔습니다. 또한, 개발의 주요 단계마다 서로의 의견을 도표나 다이어그램으로 점검하며 남아있는 문턱마저도 제거하기 위한 시도를 했습니다. 이렇게 쉬운 용어들로 이해하며 서로의 의견을 자유롭게 구현하는 환경 속에서 모두가 만족할 수 있는 결과가 나올 것이라 믿었기 때문입니다.

이러한 과정을 통해 팀원들은 아이템에 고루 반영된 각 분야의 장점을 충분히 이해할 수 있었고, 공모전에서 그 점들을 잘 어필할 수 있었습니다. 그 결과 저희 팀은 개발한 아이템으로 우수상을 수상하였습니다.

After

기획능력을 통해서 지역 스타트업 공모전에 제품 구상을 현실적으로 발전시켰습니다. 지역 스타트업 공모전에 참여했지만, 제품의 현실성과 시장성을 만족하게 할 수 있는 아이템이 없었습니다. 더 큰 문제는 팀원들과 함께 고민하며 나온 많은 아이디어로 인하여 제품 구상의 방향성을 잃어가는 점이었습니다. 이때 저는 팀원들이 제시한 아이디어 중 '상용 가능성, 영어, RFID 기술, 심리학'만 선택하여 아래처럼 SWOT 분석을 해보았습니다.

- 강점 : 우리 팀원이 지닌 전문 기술(IT 기술, 영어, 아동심리, 교육시장 이해)
- 기회 : 교육 시장의 흐름 파악(스마트폰을 활용한 교육 환경적 변화)
- 약점 : 소비자의 실제 반응을 예상하기 어려움(MVP 테스트로 수치화 방법 제시)
- 위협 : 유사한 제품들의 존재(제품의 디자인과 DB 다양화로 차별화 부여)

이후 빠르게 제품을 구상하고, 빠르게 개발 작업에 착수할 수 있었습니다. 우리는 스마트폰, 그림 칩을 활용한 'LOOPY'로 영어 공부를 할 수 있는 유아용 로봇을 개발하였으며, 구체적인 분석이 있었기에 심사에서 객관적 설득이 가능했습니다.

After를 살펴보면 자신의 기획능력을 직접적으로 보여주기 위해서 SWOT 분석을 행동으로 분류하여 가독성을 높였다. 서류를 검토하는 평가위원에게 진정성을 주고 싶다면 그들의 입장에서 이해하기 쉽게 설명해 주는 것이 중요하다. 가장 좋은 방법은 개조식으로 글의 번호를 붙여 작성하거나 전달 메시지를 최소화시켜 일목요연하게 보여주는 것이다.

자기소개서의 핵심은 두괄식과 가독성이다. 우리가 아무리 좋은 경험을 가지고 있고, 신이 들린 실력으로 자기소개서를 작성한다고 해도 이를 평가하는 위원들은 하루에 수천 장의 서류를 읽는다. 역지사지(易地思之)라는 말이 있다. 상대방 입장에서 읽기 편한 자기소개서를 작성하는 것이 가장 빠른 길이다.

Chapter 05

설득력을 높이는 '4MAT/SP/SCAR'

앞서 'CPSBS'를 활용한 논리 구조로 자기소개서를 작성하는 방법을 배워봤다. 그렇다면 각 문항에 적용하면 어떠한 자기소개서로 완성될까? 어떤 자기소개서보다 내가 갖추고 있는 직무 역량을 강조할 수 있다. 이를 기업별 자기소개서에 적용하면 하단의 예시처럼 작성할 수 있다.

한 예로 새로운 아이디어, 창의적 사고를 확인하는 문항이 있다. 이때 'CPSBS'를 활용해서 창의, 혁신, 개선 등을 보여줄 수 있다. 색다른 방식, 시각적 재해석, 이용 가치 재해석, 참신한 아이디어 도출, 비용축소, 효율성 제고 등 다양한 방법이 있으며, 하단의 예시처럼 문제해결을 하였던 경험을 기술할 수 있다.

Q 기존의 방식이나 고정관념을 뛰어넘어 창의적인 방법으로 획기적인 개선 또는 문제해결을 하였던 경험을 소개하여 주십시오.

A 개인의 창의성 발현을 통해 공동의 업무에서 불편한 점을 극복해냈습니다. (C)

당시에 저는 복잡한 논문 교정 업무를 간편화하는 아이디어를 제시하여, 사무실 전체의 업무 효율성을 높였습니다. (P)

외국문학연구소에서 학부 조교로 근무할 당시, 사무실 내 가장 중요한 업무는 연구소 학술지에 투고된 논문을 교정하는 작업이었습니다. 이는 업무 자체가 많은 시간과 노력이 필요한 것이지만 개선 가능한 비효율적인 부분도 많다고 생각했습니다. (S)

따라서 저는 복잡한 논문 교정업무를 간편화할 방법을 고민하기 시작했습니다. 먼저 저는 한글의 〈스타일〉 기능을 활용하여 공통적으로 적용되는 글자 크기, 글꼴, 자간 등을 한꺼번에 지정하여 저장했습니다. 또한 스타일 기능 이외에 체크해야 할 부분을 따로 정리하여 문서로 공유하였습니다. (B)

이를 통해 업무 효율성이 높아졌을 뿐만 아니라, 다른 직원들이 업무 수행 시간을 단축시키는 데 큰 도움을 주었습니다. 그 결과 연구소의 분위기가 바뀌며, 논문 집필에 더 집중할 수 있는 환경 마련으로 학술지의 질을 높이는 데 이바지하였습니다. (S)

다음으로 성장과정, 가치관을 묻는 항목에 'CPSBS'를 활용하면 직무 역량을 강조하기 쉽다. 팀원의 강점 부각, 이해하는 팀 분위기 만들기, 소통할 수 있는 분위기 형성, 새로운 제도 제시하기, 팀을 위한 희생 등이 가능하며 하단의 예시처럼 내가 지닌 팀워크 역량을 기술할 수 있다.

EX_2 🔍 CPSBS 활용 예시

Q 혼자서 하기 힘든 일을 타인과 협력하여 성공적인 결과를 이루어낸 경험에 대해 소개하여 주십시오.

A 부서 간 업무 시 배려를 통해 문제를 해결할 수 있습니다. (C)

배포팀과의 갈등은 서로의 입장에서 업무를 수행하며 나타난 문제로, 저는 배포팀 입장에서 적절한 대안을 제시하여 프로그램 오류 건수를 감소시켰습니다. (P)

배포팀의 계속된 프로그램 오류로 팀들 간 분위기가 좋지 못했습니다. KTH 모바일미디어에서는 편성팀과 배포팀 간의 협업으로 야간에 프로그램을 등록하기 때문에 서로의 협업이 가장 중요하였습니다. (S)

계속된 긴장 관계는 더 큰 프로그램 오류로 이어질 수 있어서, 저는 편성팀에게 직접 오류 발생 이유를 물어보았습니다. 계속되는 실수는 배포팀에서 공유된 인수인계서가 자신들의 팀에게는 익숙하지 못해서였습니다. 그래서 저는 편성팀의 입장에서 인수인계를 진행한다면, 프로그램 오류 건수를 줄일 수 있다는 생각에 두 가지 대안을 제시하였습니다.

첫째, 미리 퇴근 전에 기록하여 오늘 등록될 프로그램들을 메모로 남겼습니다.

둘째, 중요한 프로그램은 집에서 프로그램 등록이 제대로 되었는지 확인하였습니다. (B)

이는 상대방 팀에 맞춰서 배려했기에 가능한 결과로 기존에 1주에 2~3회씩 발생하던 오류 건수를 0회로 줄였으며, 장기적으로는 부서 간 갈등이 감소하였습니다. (S)

끝으로 성장 과정, 직장관, 생활신조, 능력&특기, 열정 등을 묻는 항목의 경우 역시 'CPSBS'를 활용하면 직무 역량을 강조할 수 있다. 자신에게 있었던 터닝 포인트, 평상시 가지고 있던 세계관, 본인만의 독특한 특성 및 강점 등이 가능하며 다음의 예시처럼 내가 지닌 가치관을 기술할 수 있다.

Q 자신에게 영향을 끼친 사건과 인물 등을 포함하여 본인이 가지고 있는 가장 중요한 가치관은 무엇인지 설명해 주세요.

A 어떠한 상황에서도 책임을 다해 타인에게 피해를 주지 않으려고 노력합니다. (C)

어머니의 건강 문제로 대학 시절 한 한기를 병원에서 다녀야 했지만, 팀원으로서 맡은 역할에 충실하여 팀에 피해를 주지 않고 과제를 완성하였습니다. (P)

당시 어머니의 병간호를 할 수 있는 사람은 저밖에 없었습니다. 가족 모두 지방 근무와 군 입대로 떨어져 있었기 때문에 학교 수업 종료 후에는 제가 전담해서 어머니를 돌보았습니다. (S)

그중 가장 힘들었던 순간은 팀 과제를 해야 하는 시간이었습니다. 개인적인 문제로 팀원들에게 피해를 주고 싶지 않았던 저는 팀원들에게 상황을 이야기하여 회의 시간을 조절하였으며, 주어진 과제는 어머니가 주무시는 시간을 활용하였습니다. 그렇게 학교와 병원을 오가며 한 학기 동안 과제를 수행하며 38kg이나 체중이 감소했으며, 팀에 피해 없이 과제를 수행할 수 있었습니다. 당시에 과제를 진행하며 심신은 모두 지쳤지만, 끝까지 내 할 몫은 했다는 자부심을 가질 수 있었습니다. (B)

그때 가졌던 "타인에게 피해가 되지 말자"는 생각은 향후 회사에서 업무를 진행할 때 "내가 할 일은 무조건 해내자"라는 태도로 거듭날 수 있었습니다. (S)

SCAR(문제 해결 중심)

CPSBS 외에도 어떤 직무 역량을 기술하는지에 따라서 자기소개서 작성 방법을 달리 할 수 있다. 그중 SCAR(문제 해결 중심) 논리 구조는 문제해결, 위기 개선, 높은 과업 제시, 아이디어 등의 과업을 수행할 때 적합한 방법이다.

① 기존의 방법을 개선하여, 성공적인 결과를 도출하였던 경험이 있다면 기술하시오.

② 희망 직무 준비과정과 희망 직무에 대한 본인의 강점과 약점을 기술해 주세요. (실패 또는 성공사례) 중심으로 기술하시오.

③ 새로운 것을 접목하거나 남다른 아이디어를 통해 문제를 개선했던 경험에
   대해 서술해 주십시오.

〈SCAR 논리구조〉

S(Situation)	C(Crisis)	A(Action)	R(Result)
구체적인 업무 내용은 무엇인가?	업무의 주된 문제점은 무엇인가?	본인만의 위기극복 방법은 무엇인가?	주요 성과
상황이 왜, 어떻게 발생했는가?	상황의 주된 위기는 무엇인가?	어떠한 행동/태도를 적용했는가?	배운 점과 교훈
최종목표 또는 과제는 무엇인가?	위기/문제가 왜, 어떻게 발생했는가?	어떠한 지식/기술을 활용하였는가?	자신의 행동/결과의 파급효과
예상되는 실패 상황은 무엇인가?	가지고 있는 역량보다 어려운 업무인가?	문제/위기를 어떻게 파악하였는가?	성공요소 또는 실패 원인

EX 🔍 SCAR(문제 해결 중심) 활용 예시

[위기감 쌓인 (주)○○ 테크, 상사를 설득하는 그녀만의 노하우]

직원 휴게실 도입을 위해 개선 보고서를 제출하였습니다. 당시 회사의 이직률은 약 30%로 국내 기업 평균 10%를 훨씬 웃도는 수치였습니다. 총무인사팀 직원으로 위기를 느끼고, 사내 의견함(○○의 목소리)을 설치하여 의견을 수렴하였습니다.

가장 많은 의견은 직원들이 쉴 수 있는 휴식 공간을 설치해달라는 것이었습니다. 이에 상사였던 과장님께 먼저 구두로 보고하고 경영지원 총괄인 부사장님께 보고할 기안서를 작성했습니다. 연초에 예상치 못한 지출이 발생했기에 기안서는 지출이 발생할 부분에 초점을 맞춰 작성했습니다. 운용 가능한 1,000만 원을 예산으로 정한 후 인테리어업체, 중고물품업체와 사전 조율에 집중했습니다. 또한, 기안서에는 직원 휴게실 설치 목적, 설치 공간, 기간, 예산, 예상 결과를 포함했습니다. 직원 사기 증진과 생산성 향상이 목적이었고 예상되는 결과로는 이직률 감소로 인한 비용 감소였습니다. 설치 공간은 2층 자재 창고를 1층으로 옮겨 마련하고 기간은 실내장식 기간까지 합해서 약 2주 정도 예상했습니다. 요약서는 A4용지 1장을 넘지 않게 작성해 최대한 핵심만 반영했습니다.

하지만 내용이 부실해질 수 있음을 대비해 첨부 파일로 4주 동안의 예상 진행 순서와 구매 비품, 업체명, 비품 협상가까지 상세하게 작성하여 기안서를 읽는 상대방이 쉽게 이해할 수 있도록 작성했습니다. 이를 통해 설치 승인을 얻고 직원들이 만족하는 휴게실을 설치해 다음 해 1분기 이직률을 15%까지 줄이는 데 일조하였습니다.

4 MAT(목표&과정 중심)

목표와 과정 중심으로 작성된 4 MAT의 경우에는 학창시절&경험(동아리, 아르바이트, 봉사활동), 단점 보완 노력, 회사를 통해 이루고 싶은 꿈을 기술할 때 좀 더 적합하다.

① 살아오면서 특정 영역의 전문성을 키우기 위해 꾸준히 노력한 경험에 대해 서술해 주십시오.

② 살아오면서 가장 부족한 역량은 무엇이며, 어떠한 방식으로 개선할 계획인지 기술하시오.

③ 학업 이외에 관심과 열정을 가지고 했던 다양한 경험 중 가장 기억에 남는 것을 구체적으로 기술하시오.

〈4 MAT 논리구조〉

WHY	WHAT	HOW	IF
현재 가지고 있는 고민은 무엇인가?	(가치관/역량) 무엇을 깨달았는가?	본인만의 해결 방법은 무엇인가?	기대 변화
목표 선정과 그 이유는 무엇인가?	목표 선정의 구체성은 무엇인가?	어떠한 행동/태도를 적용했는가?	실제 변화
향후 직무(연관 분야)를 고민했는가?	얻을 수 있는 성과/결과는 무엇인가?	어떠한 지식/기술을 활용하였는가?	자신의 행동&결과의 파급효과

4 MAT(목표&과정 중심) 활용 예시

['연단 공포증'을 극복하기 위한 3개월의 목표 관리]

사람들 앞에서 당당함을 찾기 위해서 발표 불안 해소 연습을 하였습니다. 가장 먼저 '대중 앞에서 자신 있게 발표하기'라는 목표를 정한 후, 필요한 기술적 원리를 이해하고 이를 실제 연습에 적용하였습니다.

[1단계] 남 앞에서 발표하기

대중 앞에서 완벽해야 한다는 생각에, 약간의 실수라도 생기면 얼굴이 빨개지며 당황합니다. 하지만 10명의 사람 앞에 서서 그중 2~3명을 제일 친한 친구라고 생각하고 대화하듯 자기소개에 임했습니다. 여기서 포인트는 나머지 사람들은 신경 쓰지 않기였습니다.

[2단계] 호흡법 및 발성법 훈련

발표할 때 호흡이 불안해지고 말할 때 숨이 딸려서 발성이 제대로 나오지 않는 경우가 많아 '울트라 브리드'를 통한 복식호흡 연습과 발음 훈련을 통해 후두가 올라가는 잘못된 습관들을 교정하는 데 집중했습니다.

[3단계] 연단 자세 및 표정 동작

초보자들에게 가장 적합한 '항아리 연단법'을 통해 가장 적합한 자세를 유지하고 활기차고 밝은 표정으로 연습하려고 노력했습니다. 점차 어색했던 동작은 시간이 지나면서 좋아졌고 자신감 있는 모습을 연출하기 위해 노력했습니다.

중간중간 내가 부족한 부분은 대중들 앞에서 평가받으며 목표에 맞춰 관리하였고, 3개월 뒤 처음으로 대중 전체를 보고 발표를 할 수 있게 되었습니다. 제가 느꼈던 대중 앞 연단공포를 없앨 수 있는 가장 빠른 방법은 초기 목표를 중간평가를 통해 방향을 잡아가는 능력이라고 생각합니다. 내가 가진 문제에 직접 부딪혀 정확하고 꼼꼼한 목표를 세울 수 있다면 연단공포는 아무런 문제가 되지 않습니다.

SP(인문학/가치관 중심)

성장 과정이나 직장관, 생활신조, 열정, 윤리성 등의 항목은 인문학과 가치관 중심으로 작성하는 SP가 적합하다. 지원자가 살아오면서 정립한 가치관을 기술하는 데 있어, 어떤 변화를 거쳐 왔는지를 보여주기 좋기 때문이다.

① 지금까지 살아오면서 가장 가슴속 깊이 남아있는 즐거웠거나 힘들었던 자신만의 소중한 경험을 기술해 주세요.

② 자신의 삶 또는 직업에 대한 가치관/생활신조는 무엇인가요.

③ 어려움(갈등) 상황에서 이를 극복해 나갈 수 있는 본인의 가치관을 작성해 주세요.

〈SP 논리구조〉

발단(도입부)	전개/위기 (본격적인 사건 및 갈등)	절정 (갈등 해결 및 영향)	결말
가치관이 성립된 실마리는 무엇인가?	가치관을 가지게 된 사건은 무엇인가?	본인만의 갈등 해결 방법은 무엇인가?	배운 점&교훈
본인만의 가치관은 무엇인가?	누군가와 갈등을 겪었던 적이 있는가?	가치관이 갈등 해결에 어떤 영향을 주었는가?	주요 성과
삶의 전환점은 무엇인가?	나에게 닥쳤던 전환점은 무엇인가?	어떠한 태도&행동으로 발전하였는가?	기대/실제 변화

EX 🔍 SP(인문/가치관 중심) 활용 예시

[성과의 돛을 펼쳐라, 호기심은 나를 깨우는 기회]

끝없는 호기심으로 삶을 개척해 나갑니다. 29년간 6번의 잦은 이사를 하면서 짐 정리 후 이튿날엔 호기심에 동네를 돌아다녔습니다. 주로 집에서 가까운 슈퍼와 카페는 어디쯤인지, 내가 다닐 학교는 어디인지, 내가 모르는 빠른 길이 있지는 않은지 등 탐험가가 되어 주변을 찾아다녔습니다.

성인이 된 지금은 새로운 호기심을 찾아 여행을 떠나고 있습니다. 가장 기억에 남는 장소는 대천해수욕장이었습니다. 매번 자동차를 타고 오갔던 길을 대학교 2학년 시절 안성을 벗어나 대천까지 떠나며 자전거로만 당일치기 여행을 떠났습니다. 자동차를 타고 오갈 때는 몰랐던 쉬웠던 길을 헤매기도 하고, 다시 돌아서 간 적도 있었습니다. 한여름에 떠났던 여행이라 땀으로 샤워를 했으며 언덕을 오르면서 숨이 턱까지 차올랐습니다. 하지만 목적이 있었기에 표지판을 보고 행인에게 물어보며 처음 세운 목표인 대천해수욕장까지 도달할 수 있었습니다.

이렇듯 저의 호기심은 점차 더 높은 성과목표를 갈구했고, 이를 달성하는 열정이라는 에너지는 제 안에서 점점 커졌습니다. 이제는 4차 산업 시대에 접어들면서 IoT, 빅데이터, 클라우드 등 핵심 기술에 강한 호기심을 바탕으로 새로운 도전을 진행 중입니다. 저에게 호기심은 가슴을 두드리고 나를 깨우는 기회이며, 도전은 열정으로 임해 성과를 내는 목표입니다. 열심히 도전하고 실패해도 그 시도와 과정에서 큰 것을 얻을 수 있다면 실패라는 두려움에 안주하지 않고 아무도 가지 않는 새로운 분야에 도전해보자는 마음가짐으로 임하고 있습니다.

이처럼 자기소개서 작성방법은 다양하다. 자기소개서를 작성하기 전에 내 경험과 문항에서 요구하는 바를 정확하게 파악하고 있다면 다양한 논리 구조를 적용할 수 있다. 지금도 STAR 논리 구조를 고집한다면 문항에서 요구하는 직무 역량에 대응하기 어렵다. 여러분에게는 이미 20년이 넘는 본인의 삶을 살아오면서 획득한 충분한 재료가 있다. 이 재료를 'CPSBS', 'SCAR', '4MAT', 'SP'라는 다양한 논리 구조를 활용하면 더 쉽게 자기소개서를 기술할 수 있다.

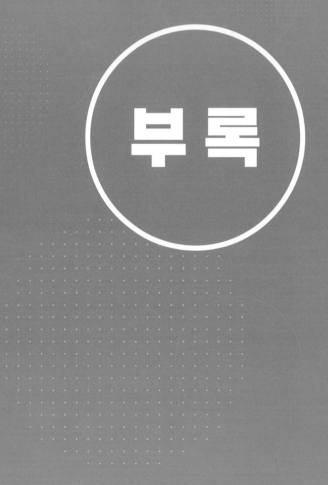

부록

직무별 합격
자기소개서

누가 봐도 뽑고 싶은
이공계 자소서

01 IT개발

- **회사/직무** : LINE IT개발(2021년 상반기)
- **스펙** : 남성/29세/서울 상위권 대학 컴퓨터공학(석사) · 수학과(학사)/학점 컴퓨터공학과(석사) 4.2, 수학과(학사) 3.4/토스 5/코딩 관련 동아리 경험/AI연구 스타트업 창업 경험(1년)

1. 다양한 경험을 바탕으로 자신에 대해 자유롭게 소개해 주세요. (반드시 지원한 직무, 개발 경험 등과 관련된 것이 아니어도 좋습니다.)

---

1) **역량&성격** : 배움의 자세
2) **경험** : 프로그래밍 입문 경험 및 코딩 관련 동아리
3) **글자 수** : 744자/제한 없음

[뒤늦은 개발의 길, 배움을 멈추지 않다]

컴퓨터 공학에 대한 많은 갈증을 느꼈기에, 학사 시절 전공과 상관없이 프로그래밍에 몰두하였고, 석사를 컴퓨터공학으로 진학했으며, 결국 개발의 길을 걷고 있습니다. 저는 이렇게 끊임없이 학습하는 개발자입니다.

초등학교 5학년 시절, 정보올림피아드를 준비하면서 프로그래밍을 처음 접하게 되었습니다. 그 이후부터 꾸준히 관심은 있었기에 중고등학교 시절에도 프로그래밍을 공부했지만, 대입 때 컴퓨터공학과에 입학하지 못하고 점수에 맞춰 수학과에 지원하게 되면서 컴퓨터공학을 배울 수 없었습니다. 그때부터 프로그래밍에 대한 갈증이 더욱 커져갔습니다. 그래서 학사 시절 컴퓨터공학 전공 수업을 홀로 수강하고, 컴퓨터 학원에 등록하여 안드로이드와 Spring을 배웠으며, 독학으로 정보처리기사 자격증을 취득했습니다. 그리고 '******'이라는 코딩 동아리에 가입하여 Web과 App을 배우면서 태국 중고거래 사이트 '*****', 코딩 교육사이트 '*****', 쇼핑몰 사이트 '*****', 온라인쇼핑 App의 챗봇 '*****' 등 다양한 프로젝트 경험을 쌓아왔습니다.

저는 프로젝트 시 필요하다고 생각되는 언어가 생길 때마다 두려움 없이 배워왔습니다. 그러한 배움의 동기는 오히려 프로그래밍에 대한 갈증에서 기인했다고 생각합니다. 필요로 하는 모든 것을 배워, 원하는 것을 만들어가겠습니다. 끊임없이 공부하여 LINE의 기술력 향상에 도움이 되고, 팀원들에게 자극이 되는 개발자가 되겠습니다.

1) **역량&성격** : 의사소통력(협업, 고객지향적 마인드)

2) **경험** : 코딩 동아리 프로젝트로 Web사이트 구축 경험

3) **글자 수** : 960/1,000자

' [협업의 중요성을 깨닫다]

저는 2015년 학사 시절에 처음 Web 공부를 제대로 시작하였습니다. 당시 코딩 동아리와 개인 독학을 통해 다양한 Web사이트를 홀로 구축하였는데, 특히 대형 Web사이트인 *****를 개발하는 과정에서 업무 유관자들과의 의사소통을 통해 의도대로 개발해야 시간을 효율적으로 사용할 수 있음을 배울 수 있었습니다.

당시의 저는 중급 규모의 Web사이트인 *****, ***** 등 5개의 Web과 3번의 App을 개발하며 Rubi와 Rails 프레임워크의 기능을 완전히 이해했다는 자만에 빠져있던 시기였습니다. 그래서 대형 Web사이트를 처음으로 맡았을 때도 이전까지의 방식 그대로 홀로 작업을 진행하고 있었습니다. 주어진 개발 기간은 약 2개월로 여유가 있다고 생각했기에, 학사 졸업학기와 석사 진학 준비를 하며 천천히 진행하였는데, 1주일을 앞둔 시점에서 의뢰 회사의 마케터와 대화를 나누다가 저의 개발 방향성이 잘못되었음을 알게 되었습니다. 당시 최악의 경우에는 코딩 동아리의 명성에 크게 먹칠을 할 수 있다는 생각에 엄청난 압박감을 받았습니다.

시간적 여유가 극도로 없어진 터라 해당 회사의 마케터와 웹디자이너와 수시로 연락하며 재설계에 나섰습니다. 6일간의 밤샘 끝에 간신히 오픈할 수 있었지만, 급속히 만든 탓에 그 이후로 서버 운영에도 문제가 생겨 추가로 일주일을 개발에 매달려야 했습니다. 저는 그때 이후로 제 시각에서 바라보는 것이 아니라 기획자의 시각에서 프로젝트를 바라보기 위해 노력하고 있습니다. 그래서 이후의 프로젝트에서 항상 듬직한 개발자라는 평을 받을 수 있었습니다.

　　실력이 좋다고 소문난 개발자들을 살펴보면, 개발 언어를 창의적으로 사용하는 분도 있고, 개발 언어 습득력이 남달리 뛰어난 분도 있었습니다. 하지만 제가 생각하는 개발 실력이란 타인과의 협업이 전제되어야 한다고 생각합니다. 동료 개발자와 업무 유관부서들과 항시 소통하고 협업하는 개발자가 되겠습니다.

3. 자신의 SW개발 활동 경험을 한 가지 이상 소개해 주세요.

활동 기간, 주요 내용, 공헌한 부분, 어려움을 겪었으나 극복한 과정, 사용 언어와 기술 등 본인이 주도적으로 참여한 부분을 중심으로 작성 부탁드립니다. 결과나 성과 등 참고 가능한 URL이 있다면 본문에 포함해 주셔도 좋습니다. (예 : 수업 과제, 프로젝트, 공모전, 오픈소스 개발 활동, 인턴십 등)

1) **역량&성격** : 머신러닝/딥러닝 관련 개발 역량
2) **경험** : 석사 시절 및 독학 프로젝트
3) **글자 수** : 1,504자/제한 없음

[머신러닝에 대한 꾸준한 관심]

2018년 컴퓨터공학 전공으로 대학원에 진학하게 되면서, 현재 시류에 있는 머신러닝에 대한 깊은 관심을 가지게 되었습니다. 제가 소속된 연구실의 주 연구 분야는 머신러닝을 활용한 유전 알고리즘과 컴퓨터비전 알고리즘이었습니다.

#Tensorflow, Keras 등 머신러닝 프레임워크

석사 1년 차 시절, AI모델링과 관계된 기술이었던 주식 예측 모델을 만들기 위해서 다양한 논문을 검토하던 중에 LSTM모델을 활용한 주가 예측 논문을 발견하였고, 결과 역시 흥미로웠습니다. 해당 논문을 재현해보기 위해서 머신러닝 세미나와 다양한 강연들을 섭렵하며 머신러닝 트렌드에 대해서 학습하였고, Tensorflow, Keras 등 머신러닝 프레임워크를 공부하였습니다.

*URL 생략

#Mahout 프레임워크, 협업 필터링 알고리즘 사용

석사 논문으로 선택한 것은 오픈마켓 회사 *****의 추천광고 시스템 설계 모델이었습니다. 약 6개월간의 논문 작성 기간을 통해 시스템의 설계와 구현을 이뤄냈습니다.

저는 메모리 기반의 협업 필터링(Memory-based Collaborative Filtering) 알고리즘을 사용해서 각기 다른 데이터를 사용하여 두 가지 광고 시스템을 구축했습니다. 첫 번째는 광고 클릭 로그 데이터를 활용하여 사용자의 제품 관심도를 바탕으로 비슷한 제품을 추천하는 시스템이며, 두 번째는 제품 추천 시스템에서 광고주 도달률을 추가로 활용하여 사용자의 실제 관심도를 재검증하는 시스템이었습니다. 그리고 양 시스템의 선호도 예측 값을 가중합(Weighted Sum)하여 하이브리드 방식의 광고 시스템을 구현하였습니다. 해당 개발은 Hadoop 기반의 Mahout 프레임워크를 활용하여 개발하였으며, 논문 발표 이후 현업개발자들이 디벨롭하여 실제 ***** 사이트에서 사용하고 있습니다.

*URL 생략

#Adversarial MNIST Weight 시각화

독학으로 많은 프로젝트를 수행하고 있습니다. 기억에 남는 것은, 육안으로 봤을 때는 같은 형태지만, 픽셀 조작으로 인해 다른 인식 결과을 나타내는 Adversarial MNIST 데이터와 정상적인 MNIST 데이터가 입력되었을 때 Input Value Hidden Node의 Weight 값, Output Node의 Weight 값을 시각화하여 보여주는 프로젝트입니다.

딥러닝 관련 논문을 읽고, 예제 프로그램을 짜보면 결과는 잘 나왔지만, 어떠한 과정으로 동작하는지 쉽게 와닿지 않았습니다. 특히, Adversarial Data는 육안으로 봤을 때는 정상적인 데이터와 차이가 없었기 때문에 결과 값이 다르게 나오는 이유를 알기가 어려웠습니다. 그래서 딥러닝의 동작 원리를 이해하기 위해 Weight를 시각화하는 프로젝트를 진행했고, 시각화를 통해 MLP의 원리에 대해 확실하게 이해할 수 있었습니다.

*URL 생략

위와 같이 머신러닝에 관심을 가져오며, 현재도 머신러닝 역량을 더욱 배양하려고 공부 중입니다. LINE의 발전에 도움이 되도록 향후 기술 트렌드도 놓치지 않으려 노력을 기울이겠습니다.

🖐️ 이 자기소개서에 대한 평가

① 이 자기소개서에 표현된 역량&성격이 적합한가?

이 자기소개서는 IT개발 직무에 필요한 역량&성격을 '배우고자 하는 의지', '의사소통력(협업, 고객지향적 마인드)', '머신러닝&딥러닝 개발능력'으로 보았다. 특히 자기소개서의 세 번째 질문은 아예 SW개발 경험을 물어봤기 때문에 어차피 개발 언어에 대한 이야기를 풀어 쓸 수 있었고 나머지 2개의 역량&성격이 중요했다.

이 중 '배우고자 하는 의지'는 어찌 보면 진부하다 할 수도 있겠지만 IT개발자의 가장 중요 덕목이자 많이 나오는 소재로 아주 적합하다고 할 수 있으며, '의사소통력'은 IT개발에서는 소외되기 쉬운 역량인데 본인이 실패를 경험하며 제대로 느낀 내용을 서술하여 현실감이 배가되어 좋아 보인다. 둘 다 적합하다고 할 수 있다.

② 글의 균형이 적합한가?

1) 역량&성격의 균형

성격 2개, 역량 1개로 균형은 훌륭하다. 세 번째 질문의 글자 수가 무제한이기에 1,500자 이상을 쓰면서 IT개발 역량을 잘 썼다. 나머지 두 글은 성격으로 가도 괜찮다.

2) 경험의 균형

전반적으로 코딩 동아리 이야기가 많이 나오긴 하지만, 내용상 겹치는 느낌이 없기 때문에 경험의 균형은 적합하다고 볼 수 있다.

③ 총평

학사와 완전히 다른 석사를 갔고, 개발 경험도 많았지만, 2번째 글에서 실패 경험으로 배운 것을 서술하여 자기소개서가 더 가치있게 느껴진다. 다른 지원자들은 성공 경험만 쓰는 데 바쁘기에, 이렇게 진솔한 느낌의 자기소개서가 들어온다면 더욱 매력적으로 읽힌다(필자의 첨삭을 받은 글이다). 그리고 IT개발자의 경우 워낙 개발 언어가 다양하기 때문에 현업부서에서 인사팀에게 필요한 개발 언어를 주거나, 아니면 현업부서가 직접 자기소개서를 검증하는 경우가 많다. 그러므로 언어나 프레임워크들은 명확하게 서술하는 것이 좋다. 참고로 이 지원자는 창업 경험도 있는데 자기소개서에서 이 부분은 언급하지 않은 점도 면접에서 오히려 그 소재를 꺼낼 수 있어 좋다고 생각되었다.

- **회사/직무** : 포스코케미칼 양극재개발(2021년 상반기)
- **스펙** : 여자/27세/중경외시 라인 화학공학과/학점 3.93/토익 850점 이상/화학공학 석사

1. 왜 포스코케미칼에 입사하고 싶은지 다른 기업과의 차별화된 점을 중심으로 기술하시오.

1) **역량&성격** : 기업분석 및 업종 이해도
2) **경험** : 2차 전지 분야 논문 분석
3) **글자 수** : 600/600자

[미래를 예측하는 통찰력, 2030년 성장 기대감]

삶에서 가장 중요하게 여기는 가치는 '성장'입니다. 따라서 양극재, 음극재 토털 솔루션을 제공하는 국내 유일 기업인 포스코케미칼과 함께 2차 전지 사업을 선도하며 성장 가치를 실현하겠습니다. 최근 발표된 'SNE Research'에 의하면 2차 전지 분야는 2023년 수요와 공급의 역전으로 그 중요성이 커지고 있습니다. 이러한 흐름에 발맞춰 포스코케미칼은 전기차 배터리 성능(용량)에 영향을 미치는 양극재에 자금을 투자하며 성장 기반을 탄탄히 다지고 있습니다.

특히, 에너지 밀도를 높이면서, 원가를 낮춰 경제성을 갖춘 고성능 배터리 생산에 집중하고 있습니다. 그중 High 니켈 기반의 양극재 개발에 집중하면서, 차세대 배터리 소재로 배터리 수명도 안정적인 NCMA 양극재 개발에 성공하였습니다. 그리고 광양 율촌산업단지에 대규모의 생산단지 조성 및 2,895억 원을 투자해 연간 3만 톤 규모의 양극재 생산라인 증설에 앞장서고 있습니다. 이에 배터리 성능, 가격경쟁력, 안정성을 확보한 포스코케미칼은 신공정을 추진하여 2030년까지 세계 시장 점유율 20%, 매출액 22조 원 규모로 성장할 수 있다고 생각합니다.

2. 제한된 자원(시간, 비용, 인력 등)에도 불구하고, 도전적인 목표를 달성했던 경험을 구체적으로 기술하시오.

1) 역량&성격 : 도전적 행동, 시간 관리, 끊임없는 시도

2) 경험 : 직무 경험 바탕

3) 글자 수 : 599/600자

[최종 논문 등재, 포기보다는 도전으로 이뤄낸 결과]

ChemElectroChem 저널에 투고한 논문의 리비전을 일주일 내에 끝마쳐야 했습니다. 리비전 과정은 투고한 연구 결과가 해당 저널에서 통과 여부를 판가름하는 만큼 중요한 단계였지만, 리뷰어가 요구한 금 나노 입자의 전기화학적 발광 효율을 구하는 방법은 매우 도전적인 시도였습니다.

만족할 만한 수치를 구하고자 제가 선택한 방법은 금 나노 입자의 전기화학 발광 효율을 루테늄 복합체의 전기화학 발광에 대한 상대적 값으로 구하는 방식이었습니다. 제가 전기화학적 실험으로 얻어야 하는 값은 총 4가지로, 산화 전압을 걸어주었을 때 루테늄 복합체와 금 나노 입자 용액 각각에서 얻어지는 발광 세기 및 전하량입니다. 최적화된 실험 조건과 높은 신뢰도의 결괏값을 얻어내고자 전기화학적 실험을 무수히 반복한 결과, 0.1M의 전해질에서 1μM 루테늄 복합체 대비 0.8mg/mL 금 나노 입자 수용액의 전기화학적 발광 효율을 17.6%로 구할 수 있었습니다. 이 과정으로 처음에는 1주 안에 불가능하다고 판단했던 리비전을 무사히 통과하였고, 본 연구 결과를 해당 저널에 최종적으로 실을 수 있었습니다.

3. 최근 이슈가 되는 뉴스를 한 가지 정하여 본인의 입장과 그 이유를 논리적으로 기술하시오.

1) **역량&성격** : 구체적 정보 제시, 사업이해도
2) **작성 방향** : 전기차 수요 증가에 따른 원자재 관련
3) **글자 수** : 574/600자

[잇따른 전기차 수요 증가]

올해 리튬 가격은 1톤당 1,250달러로 68% 급등했습니다. 이는 리튬이 전기차 배터리의 핵심 소재로 지목된 결과로, 당분간 가격의 상승세는 유지될 것입니다. 특히, 대한민국은 2차 전지 양극재의 원료인 리튬 광물을 전량 수입에 의존하고 있는 만큼, 가격 상승은 전기자동차 배터리 생산 계획에 차질을 줄 수 있습니다. 올 초 영국의 재규어, 독일의 아우디 등이 양극재 부족으로 배터리 공급을 받지 못해 전기차 생산을 일시 중단한 사례가 있듯이 미래 상황에 대한 대비는 필수적입니다.

이 문제를 예방하고자 2차 전지 개발에 필요한 원료를 안정적으로 구할 수 있는 공급처를 마련해야 합니다. 이러한 점에서 포스코케미칼은 양·음극재 개발의 필수 원료인 리튬, 니켈, 흑연 등을 모사인 포스코로부터 안정적으로 공급받을 수 있으며, 2018년에 인수한 아르헨티나 소금호수 '옴브레 무에르토' 광권의 리튬 매장량이 1,350만 톤으로 확인되며 안정적인 원료 공급이 가능할 것으로 예상합니다. 이처럼 안정적인 공급처로부터 핵심 원료를 공급받아 다변화되는 상황에서 안정성과 시장성을 확보할 수 있습니다.

4. 본인이 갖추고 있는 지원분야에서 가장 중요한 직무능력을 중요도 순위로 3가지를 나열하고, 그 이유에 대해 구체적으로 기술하시오.

1) **역량&성격:** 직무 이해도와 기술, 태도 강조
2) **경험 :** 직무경험 바탕
3) **글자 수 :** 889/ 900자

[1순위] 전기화학적 실험 기술

배터리 성능을 좌우하는 요소 중 하나는 배터리 재충전율입니다. 이는 '배터리 방전 후에 양극을 구성하는 소재인 양극재를 가역적으로 복원할 수 있는가?'와 관련됩니다. 따라서 전기분석화학 연구실에서 합성한 나노 물질의 전기화학적 특성 분석 연구를 수행하고, 화학 물질의 전기화학 반응을 유도하는 등 전기화학 장비와 소프트웨어의 사용 능력은 2차 전지의 핵심 소재인 양극재를 개발하는 데 큰 도움이 될 것입니다.

[2순위] 끝없는 탐구 자세

원인을 파악하고자 깊이 파고들었던 태도는 실패한 연구에 새로운 탈출구를 발견하게 해주었습니다. 전극 표면에 고체 물성의 금 나노 입자층을 형성시켜 나노 입자의 전기화학적 발광 효율을 높이고자 시도한 실험에서 오히려 발광 세기가 감소하는 결과를 얻었습니다. 이때 포기하지 않고 추가적인 실험을 진행한 결과, 전극 표면에 형성시킨 금 나노 입자 막의 불안정성이 원인임을 밝혀냈습니다. 또한, 금 나노 입자 막을 형성시킨 전극에 전압을 걸어주면 나노 입자 중 일부는 전해질로 다시 용해되고, 전극 위에 남아있는 나머지 나노 입자들은 전극 표면에서 전기화학적으로 변화됨을 알아낼 수 있었습니다.

[3순위] 발전 가능성

경쟁력 있는 양극재 소재를 개발하는 데 있어 시장 동향의 분석은 선행되어야 합니다. 현 시장에서 상용화되어 있는 제품의 특성을 파악해야 경쟁력 있는 새로운 제품을 개발할 수 있습니다. 저는 석사과정 중 연구하고 싶은 분야를 스스로 고민한 결과, 선행 연구 결과들의 한계점을 뛰어넘어 이를 극복할 수 있는 돌파구를 마련할 수 있었습니다. 또한, 연구의 독창성, 연구 이익, 시장성 등을 고민해보면서 경쟁력을 이해하고, 연구에 필요한 자원, 기술, 자본 등을 파악하며 연구의 방향성을 구체화할 수 있었습니다.

① 이 자기소개서에 표현된 역량&성격이 적합한가?

R&D에 맞춰서 필요한 역량과 업종 이해도를 적절하게 언급했다. 특히, 최근에는 직무 역량을 구직자가 제대로 이해하고 있는지 평가하는 것을 넘어서 산업군에 대한 이해도를 구체적으로 확인하고 있다. 그러한 점에서 1번, 3번, 4번 문항을 보면 구직자가 제대로 역량을 이해하고 있음을 알 수 있다.

② 글의 균형이 적합한가?

1) 역량&성격의 균형

역량과 기업에 대한 분석이 제대로 되었다고 볼 수 있다. 그중에서 직무 경험을 활용한 점과 가독성을 높이기 위한 역량 발현 행동을 구체적으로 기술했다. 특히, 최신 이슈나 기업의 차별화된 점을 요구하는 경우 이에 대한 구체적인 분석이 동반되어야 설득력을 줄 수 있다. 이러한 점에서 지원자가 직무수행에 필요한 역량을 제대로 갖추고 있음을 보여주고 있다.

2) 경험의 균형

경험의 경우 2번과 4번 문항에서 주로 사용되며, 직무와 관련된 실험실, 논문 등재 등으로 자신의 직접적인 직무 관련도를 기술하였다. 그러한 점에서 경험의 균형이 잘 이뤄졌다고 볼 수 있다.

③ 총평

R&D 직무는 특성상 TO가 적고, 전문적인 이해도를 요구하는 직무이다. 그러다 보니 기업, 산업, 직무 이해도가 필수적으로 필요하며, 제대로 작성이 되어야 한다. 특히, 대기업 기준으로 R&D 채용은 일반 채용과 다르게 별도로 채용이 운영됨에 따라서 제대로 준비하고 작성해야 합격 가능성을 높일 수 있다.

생산기획/관리

- **회사/직무** : GM테크니컬센터코리아 생산기획(2021년 상반기)
- **스펙** : 남자/29세/건동홍세 라인 기계학과/학점 3.5/토익 800 이상/중견기업 개발부서 경험 1회

1. 직장으로서 지엠테크니컬센터코리아를 선택한 이유와 희망분야를 지원한 이유는 무엇인지? 그리고 지원하는 분야의 직무를 잘 수행하기 위해 어떤 준비를 했는지, 학습분야 또는 관련 경험/직무 중심으로 기술해 주십시오.

1) **역량&성격** : 실무역량 제시, 전공 이해도, 외국어 능력, 통찰력

2) **경험** : 직무역량 바탕

3) **글자 수** : 598/600자

   지난해 'R&D' 전담 신설 법인이 설립되며, 생산관리 측면에서 재도약을 하고자 적극적으로 나서고 있습니다. 따라서 현재 지원자에게 가장 필요한 능력은 누구보다 선도적으로 치고 나갈 수 있는 실무역량입니다.

[3가지 실무역량으로 경쟁력 높여]

   첫째, 기계공학을 전공하며 설계, 가공, 측정 등 직무에 필요한 역량을 갖췄습니다. 그중 종합설계과제 및 졸업 작품 프로젝트를 수행하며 콤팩트한 공간 설계에 필요한 시험데이터 분석 및 설계 인자 파악이 가능합니다.

   둘째, 글로벌 의사전달 수행 및 연구활동을 수행하기 위해서는 비즈니스 영어 능력이 필요합니다. 저는 국내 첫 설치 설비 프로젝트에 참여하며 해외 엔지니어와의 원활한 소통을 수행한 경험이 있습니다.

   셋째, 개발 부서에서 구매를 담당하며 업체를 보는 안목을 키웠습니다. 그 결과 개발 프로세스의 원가와 품질을 이해하였고, 최근 고객 선호도의 빠른 변화를 눈으로 확인하였습니다.

2. 경험해 보지 않은 새로운 과제나 업무를 맡아 이를 성공적으로 해결했거나 실패했던 사례에 대해 기술해 주십시오. 당신은 어떤 생각과 행동을 했고, 결과에 대한 이유는 무엇인지 기술해 주십시오.

1) **역량&성격** : 가독성, 사고의 전환, 문제해결능력
2) **경험** : 과도한 열팽창 문제 해결
3) **글자 수** : 534/600자

[내부에서 문제 해결, '용접 〉 슬라이드'로 수정해]

사고의 전환으로 원하는 결과를 도출하였습니다. 이는 성공에 필요한 문제의 원인과 해결책을 기존 도면에서 찾고자 노력한 결과였습니다.

당시 국내발전소 설비 프로젝트에서 생겼던 문제는 과도한 열팽창이었습니다. 그중 철재 접합부에서는 이유를 알 수 없는 변형으로 마찰과 소음이 심해졌습니다. 이를 해결하기 위해서 응력과 수축에 영향을 미치는 용접면의 영향, 판 두께 등을 하나씩 확인하였지만 뚜렷한 해소 방안이 나오지 않았습니다. 이때, 시험 운전 시 데이터 시트 검토를 하며 문제의 원인을 찾아냈습니다. 문제 원인은 미국 엔지니어에게 있었습니다. 그가 국내 연교차(영하 10~영상 35도)와 미국 서부(영상 7~24도) 차이를 고려하지 못했기 때문이었습니다. 따라서 문제 접합부를 용접 〉 슬라이딩 방식으로 수정하여 과도한 열팽창을 해결할 수 있었습니다.

3. 도전적이었던 과제(업무)나 새로운 문제에 직면했을 때, 특히 짧은 시간 안에 많은 정보를 수집해서 빠른 결정을 했어야 했던 경험 또는 다른 사람들이 시도해서 실패한 일을 성공적으로 이루어 낸 경험에 대해 기술해 주십시오. 목표한 바를 성취하는 데 어려움은 무엇이었으며, 어떤 행동과 노력을 통해 성취를 이루었는지 기술해 주십시오.

1) **역량&성격** : 정보수집력, 목표달성능력
2) **경험** : 전자석 제작
3) **글자 수** : 554/600자

[1년 전보다 좋아진 전자석, 정보의 힘으로 해결책 도출]

　필요한 정보 수집과 대안제시로 기존의 전자석을 10배 상승시켰습니다. 이는 정보 수집 능력으로 작년도 선배들의 문제점을 찾아 더 나은 방향을 모색한 결과였습니다. 당시 목표는 선배들이 실패한 면적(105mm)에 맞는 전자석을 제작하는 것이었습니다. 하지만 제작 여건, 정보 및 예산 부족으로 마땅한 해결책을 찾기 어려웠습니다.

　이때 단계마다 필요한 정보를 즉시 수집해 해결책에 근접했습니다. 그것은 전략적인 정보 수집을 통한 표본 제작이었습니다. 먼저 작년에 선배들이 제작한 보고서 및 수식과 전자석 전공서적에서 정보를 찾아 비교 분석하였습니다. 그 뒤 전공서적에서 찾은 수식을 기반으로 필요 예상 힘을 다시 계산해 4가지의 표본을 제작하며 성능을 확인하였습니다. 전자석 힘, 지속시간 및 특이점들을 비교한 결과 1년 전 선배들이 한 전자석 대비 10배(기존 10N 〉 110N)로 상승시켜 목표를 달성할 수 있었습니다.

① 이 자기소개서에 표현된 역량&성격이 적합한가?

생산기획/관리에 적합한 역량에 대한 이해도가 정확하게 제시되어 있으며, 자기소개서에서 요구하는 새로운 과제에 대한 접근방법, 정보 수집 및 도전적 시도에 대한 역량을 적절하게 활용하여 작성했다.

② 글의 균형이 적합한가?

1) 역량&성격의 균형

문항에서 요구하는 직무역량에 맞춰서 경험이 적절하게 작성된 글이라고 볼 수 있다. 본 자기소개서 1번, 2번, 3번을 살펴보면 다른 대기업 자기소개서보다 문항이 구체적이고, 여러 가지 역량을 한 번에 묻는 것을 확인할 수 있다. 그에 맞춰서 역량에 적합한 자신의 과거 경험을 적절하게 연결했다고 볼 수 있다.

2) 경험의 균형

경험 자체를 살펴보면 전자석 개선, 과도한 열팽창, 과거 경력을 기반으로 한 직무역량을 적절하게 활용하였다는 것을 확인할 수 있다.

③ 총평

생산기획&관리에 대한 이해도가 높다는 것을 보여주는 글이다. 특히, 자신의 중고신입 경력을 잘 활용하여 문항에서 요구하는 지식, 기술, 태도를 언급했으며, 그러한 점에서 서류평가자의 공감을 끌어낼 수 있다. 최근에는 중고신입의 등장으로 직무에 대한 이해도, 경험의 질이 높은 지원자가 많은 만큼 자기소개서를 작성할 때는 문항의 의도를 파악하고 접근해야 좋은 평가를 받을 수 있다.

④ 양산기술

- **회사/직무** : SK하이닉스 양산기술 엔지니어(2020년 하반기)
- **스펙** : 여성/26세/지방 국립대 전자공학과/학점 3.9/토익 820/OPIc IM3/전기기사/중견 반도체(PCB기판) 경력 1년(중고신입)

---

1. 자발적으로 최고 수준의 목표를 세우고 끈질기게 성취한 경험에 대해 서술해 주십시오.
(본인이 설정한 목표/목표의 수립과정/처음에 생각했던 목표 달성 가능성/수행과정에 서 부딪힌 장애물 및 그때의 감정(생각)/목표 달성을 위한 구체적 노력/실제결과/경험의 진실성을 증명할 수 있는 근거가 잘 드러나도록 기술)

---

1) **역량&성격** : '원인부터 파악하려는' 문제해결력
2) **경험** : 학부 수업 중 발명품 제작 프로젝트
3) **글자 수** : 959/1,000자

[배가 산으로 가지 않기 위해서는 원인 파악이 중요하다]

　학부 시절에 아두이노를 활용하여 구동되는 발명품 제작 프로젝트를 진행하며 작동 문제를 해결한 경험이 있습니다. 당시 과제에서는 구동되는 발명품에 한해서 가산점이 존재했습니다. 아무래도 아두이노로 기계를 구동시키는 일이 난이도가 있기 때문이었는데, 저희 팀은 오히려 난이도가 있다는 것에 자극을 받아 그에 도전하기로 하였습니다.

　팀은 전자공학 전공자 4명으로 구성되어 있었고, 각자 의견을 나눴을 때, 의복을 자동으로 개주는 장치에 대한 수요가 높아 '지니, 수건을 개줘'라고 명명한 발명품을 만들기로 했습니다. 장치 위에 마른 빨랫감을 올려놓으면 그것을 개고 옆에 차곡차곡 쌓아주는 기능을 갖도록 설계하였고, 토크가 15kg-cm인 서보모터 6개를 이용하여 발명품을 제작하였습니다. 하지만 2주 후 중간 테스트에서

발명품이 작동하지 않는 문제가 발생했습니다. 문제 파악을 위해 코딩 영역, 부품 간 연결 상태, 서보모터의 가동범위와 설계상 문제 등을 확인했지만 문제가 해결되지 않았습니다. 팀 전원이 우왕좌왕하며 속절없이 하루를 흘려보내고, 처음부터 다시 접근하며 생각을 바꿔보기로 했습니다. 팀원 중 하나가 가장 기초 단계인 출력 부족이나 전력 부족으로 옷의 무게를 견디지 못하는 것이 아닐까 하는 가설을 세웠고, 곧바로 테스트를 해봤습니다. 서보모터 1개만 전원에 직렬 연결했을 때 작동이 되는 것을 보고, 입력 전원이 서보모터의 최대 소비전력을 공급하지 못하고 있다는 것을 알게 되었습니다. 그래서 50W의 외부 전원공급 장치를 추가한 후 성공적으로 발명품이 작동될 수 있었습니다.

이 프로젝트를 진행하면서 문제가 발생하더라도 당황하지 않고 원인을 구체화함으로써 근본적인 문제를 해결하는 것이 중요하다는 것을 깨달았습니다. 업무 진행 중에 예상치 못한 문제가 발생하더라도 침착하고 빠르게 원인을 찾아서 해결하는 양산/기술 엔지니어가 되겠습니다.

1) **역량&성격** : 목표지향적 태도, 주인의식
2) **경험** : 친환경 비누제작 봉사활동
3) **글자 수** : 980/1,000자

[목표가 생긴다면 고민도 깊어진다]

  봉사기관에서 '친환경 비누제작' 봉사활동을 개선하며 봉사팀들 중에서 기부모금액 1위를 달성한 경험이 있습니다. 저희 팀은 기존에 주어진 주제인 '친환경 비누제작' 활동을 그냥 진행하면 되는 상황이었지만 주체적인 봉사활동을 위해 팀원들에게 모금액을 많이 모으는 것을 목표로 제안했습니다. 팀원들도 비슷한 생각을 하고 있어서 변화를 줄 수 있었습니다.

  우선 친환경 비누의 개선사항을 찾기 위해서 가족과 지인들 약 40명에게 비누를 보여주며 설문조사를 했습니다. 설문조사를 통해 모은 의견을 정리하고 회의를 한 결과 디자인과 기능에서 단점을 확인했고 회의를 거쳐서 개선방안을 마련했습니다.

  첫째, 디자인의 개선이었습니다. 기존 비누의 포장은 단색으로 밋밋했기 때문에 사람들의 이목을 끌 수 없었습니다. 기존의 포장지보다 화려해서 눈길을 끌 수 있고 친환경적인 부분을 강조한 한지 포장지를 사용하며 디자인을 개선했습니다.

  둘째, 기능의 개선이었습니다. 현재 대부분의 친환경 비누들은 기능이 좋지 않아 세탁비누로밖에 쓰지 못했습니다. 요새 세탁을 비누로 하는 사람이 많지도 않기에 구매 필요성이 크게 떨어진다고 생각되었습니다. 비누제작 원데이 클래

스에 연락해보는 등 조사 끝에 유용 미생물(EM)을 사용하면 미용비누로도 사용할 수 있다는 사실을 알게 되었습니다. 그래서 유용 미생물을 활용하여 천연미용 비누로 개선해냈고, 그 결과 비누 판매 모금액 40만 원이 모이며, 가장 많은 모금액을 달성할 수 있었습니다.

기부금 모금을 많이 할 수 있었던 것은 봉사시간 이외에도 봉사 개선방법을 찾기 위해서 다방면으로 조사를 하고 새로운 아이디어를 연구했기 때문이라고 생각합니다. 사실 그 이전에, 목표를 명확히 잡았기에 우리도 더 매진할 수 있었다고 생각하고 있습니다. 저는 뚜렷한 목표가 잡히면 주인의식을 갖고 여러 개선사항을 찾아낼 수 있다고 생각하고 있습니다. 이런 모습을 끝까지 잃지 않는 엔지니어가 되겠습니다.

3. 지원 분야와 관련하여 특정 영역의 전문성을 키우기 위해 꾸준히 노력한 경험에 대해 서술해 주십시오.

[전문성의 구체적 영역(예 : 통계분석)/전문성을 높이기 위한 학습과정/전문성 획득을 위해 투입한 시간 및 방법/습득한 지식 및 기술을 실전적으로 적용해본 사례/전문성을 객관적으로 확인한 경험/전문성 향상을 위해 교류하고 있는 네트워크/경험의 진실성을 증명할 수 있는 근거가 잘 드러나도록 기술]

1) **역량&성격** : 제품 전문성 및 지속적인 역량 발전의 의지
2) **경험** : 반도체 전공 및 반도체 스터디 운영 경험
3) **글자 수** : 999/1,000자

[치열함만이 가져올 수 있는 성장]

　반도체의 수율과 품질을 증가시키기 위해서는 제품에 대한 전문성과 지속적으로 스스로 성장하고자 하는 의지가 가장 필요한 덕목이라고 생각합니다. 저는 이 두 가지를 키우기 위해서 세부전공으로 반도체를 택하였으며, 반도체의 최신 트렌드를 습득하는 스터디를 만들어 1년 넘게 운영한 경험이 있습니다.

　먼저, 반도체 전공으로 8대 공정 이해를 위해 노력하였습니다. 가장 흥미롭게 들은 과목은 반도체 공학, 반도체 공정의 이해, 반도체 공정실험 등 공정 수업들이었습니다. 그와 함께 전자회로 설계 관련 수업도 전공심화 3과목 모두 수강하면서 소자 동작 원리를 익히고자 노력하였습니다. 제 전공학점은 4.0, 그리고 공정 과목만 한정했을 때는 올 A+로 엔지니어로서 석박사 선배님들을 서브할 때 필요한 기초지식을 갖췄다고 말씀드리고 싶습니다.

　그리고 3학년 2학기 방학 때 3개월간 사외교육기관의 직무 수업을 들었습니다. 수업에서는 SK하이닉스 출신의 실무자에게 실제 실무 과정을 배우며 8대 공정 기술에 대한 지식을 재정립할 수 있었습니다. 특히 포토와 식각 공정에서의 실무진이 겪는 애로사항과 트렌드 변화를 배웠을 때, 기존 대학에서 배웠던 지식이 대대적으로 수정되기도 했습니다.

이 경험을 하고는 4학년 1학기 시작과 동시에 사람을 모아 10명으로 구성된 반도체 공정/설계 스터디를 운영하였습니다. 매주 두 번씩 모이며, 여러 원리와 트렌드 변화를 각자 공부하고 서로에게 가르치는 과정을 통해 이해도는 더 증진 되어 갔습니다. 이 스터디는 현재까지 이어져 오며 총 18명이 거쳐 갔고, 6명의 현직자를 배출할 수 있었습니다. 그리고 저 역시 빠르게 변하는 반도체 산업의 최신 지식을 지속적으로 배워나갈 수 있어 계속 이어나가려고 합니다.

저는 배움에 두려움이 없는 사람입니다. 항상 고민하고 깊게 파고들며, 그것 이 제 지식이 됐을 때 희열을 느낍니다. 이는 저를 더욱 성장하게끔 할 것이고, 그 성장을 SK하이닉스에서 실제 성과로 바꿔내고 싶습니다.

4. 혼자 하기 어려운 일에서 다양한 자원 활용, 타인의 협력을 최대한으로 이끌어 내며, Teamwork를 발휘하여 공동의 목표 달성에 기여한 경험에 대해 서술해 주십시오.
[관련된 사람들의 관계(예 : 친구, 직장 동료) 및 역할/혼자 하기 어렵다고 판단한 이유/목표 설정 과정/자원(예 : 사람, 자료 등) 활용 계획 및 행동/구성원들의 참여도 및 의견 차이/그에 대한 대응 및 협조를 이끌어 내기 위한 구체적 행동/목표 달성 정도 및 본인의 기여도/경험의 진실성을 증명할 수 있는 근거가 잘 드러나도록 기술]

1) **역량&성격** : 협업에 대한 가치관
2) **경험** : 영화관 아르바이트 시 고객 클레임 해결 경험
3) **글자 수** : 989/1,000자

[옆에 있기만 해도 든든한 그 이름]

　믿을 수 있는 동료와 함께 한다는 것은 무엇보다도 행복한 일임을 아르바이트에서 고객 클레임을 막았던 경험을 통해 알게 되었습니다. 저 역시 그렇게 믿을 수 있는 사람이 되기 위해 항상 노력하며 살고 있습니다.

　제 삶은 아르바이트의 연속이었습니다. 영화관, 카페, 생동성실험 스태프 등 다양한 곳에서 경험을 쌓았고, 특히 2016년부터 2018년까지 일했던 *** 영화관에서 가장 많은 동료들과 함께 했었습니다. 2017년에 영화 '신과 함께'가 개봉했을 때에는 하필 인접 영화관 두 개가 개보수를 해서 서울 경계에 있던 부천 ***에 정말 많은 관람객들이 찾아왔습니다. 멀리서 온 분도 많은 만큼 서비스에 대한 클레임 강도와 빈도가 높았습니다. 제게도 한 가족이 할인 적용에 대해 강력히 항의하셨습니다. 기간 만료로 불가한 상황임에도 욕설과 고성을 질렀고, 10분 넘게 실랑이가 이어졌습니다. 눈물이 울컥 날 정도로 답답했던 순간에 옆 동료가 안쓰러운 눈빛과 함께 건네준 할인 책자를 받아보고 그 마음 씀씀이에 미소가 절로 지어졌습니다. 그 동료는 제가 실랑이를 벌이는 동안 열심히 책자를 뒤져 비슷한 금액의 다른 혜택을 찾아내서 줬던 것입니다. 그 가족에게 다른 혜택 사용 방법을 안내해드리자 원활한 해결로 고객께서는 크게 만족하며

App에 칭찬 글까지 남겨주셨습니다. 동료의 도움으로 난처했던 문제를 해결했던 그 경험 이후, 저는 동료들을 보며 힘을 얻고 저도 다른 도움을 주고자 열심히 노력하게 되었습니다. 그러자 거짓말처럼, 동료들은 제게 강한 호의를 보이며 모든 일을 더 적극적으로 도와주고 결국 효율이 향상되는 모습을 경험했습니다.

저는 함께 하는 즐거움과 함께 할 때의 고통 분담을 경험하며 살아왔습니다. 회사 생활을 하며 정말 어려운 일을 많이 겪을 것이라 생각합니다. 하지만 옆에 있기만 해도 든든한 그 이름, '동료'들이 있다면 그것 역시 목표를 위한 하나의 과정일 뿐이라고 생각할 수 있을 것입니다.

이 자기소개서에 대한 평가

① 이 자기소개서에 표현된 역량&성격이 적합한가?

이 자기소개서는 양산기술 엔지니어 직무에 필요한 역량&성격을 '원인부터 파악하려는 문제해결력', '목표지향적 태도', '제품 전문성 및 지속적인 역량 발전의 의지', '협업에 대한 가치관'으로 보았다. 4번의 협업 관련된 질문에 대해 그대로 협업을 말한 것에 대해서는 조금 아쉽지만, '협업을 잘한다'는 개념이 아니라, '협업에 대한 자신의 가치관'을 보여줬기에 정말 훌륭하게 느껴졌다.

앞선 IT개발 자기소개서와 비슷하게 '지속적인 역량 발전 의지'는 진부하다 할 수도 있겠지만 변화가 빠른 반도체 양산기술에서도 꽤 중요한 덕목이자 많이 나오는 소재이기도 하다. 그리고 사실 가장 좋게 느껴진 것은 '목표지향적 태도'였다. 목표지향성은 사실 어떤 직무든 다 필요하다. 회사는 결국 숫자로 움직이고, 그 숫자를 좋게 만들어주는 '목표', 즉 KPI나 ORK를 각 팀에게 하달하게 된다. 각 팀에 속한 팀원들은 결국 1년간, 혹은 반기, 분기간 그 목표를 위해 움직여야 한다. 그래서 어느 직무든 목표지향적 태도는 훌륭하게 느껴진다. 역량 및 성격의 배치는 훌륭하다.

② 글의 균형이 적합한가?

1) 역량&성격의 균형

성격 2개(문제해결력, 목표지향성), 역량 2개(지속적 역량 발전 의지, 협업가치관)로 균형은 훌륭하다.

2) 경험의 균형

아주 훌륭하다. 학부 수업 이야기가 두 번 나왔고, 나머지 두 개는 봉사활동 경험과 아르바이트 경험이다. 이공계 자소서에 4개 항목 모두 학부 이야기를 쓴다면 합격과는 관계없을 수도 있지만, 너무 자신을 재미없는 사람으로 만든다. 좀 더 다양한 경험을 기술해서 매력적으로 느껴지게 해보자.

③ **총평**

너무 만족스러운 자소서다. 공대 특유의 딱딱함을 2번과 4번에서 여유롭게 풀어주면서 누가 읽든 매력적인 사람으로 느껴지게 만들었다. 사실 공대 자소서에서 이런 소재들을 보기는 쉽지 않은데, 그 이유가 경험이 없어서가 아니다. 전문지식을 쓰는 데 급급해서 경험을 석사, 학사 때 공부경험으로 꽉꽉 채워버리기 때문일 것이다. 조금 자신의 이야기를 풀어주자. 그러면 더 진하게 우리가 공감할수 있다. 공감은 합격으로 가는 지름길이다.

품질(식품)

- **회사/직무** : 대기업 식품업체 품질관리(2019년 하반기)
- **스펙** : 여성/26세/인서울 하위대 식품영양학과 · 식품공학과 복수전공/학점 3.8/토익 915/토스 6/식품기사, 위생사, 영양사/중견 반도체(PCB기판) 경력 1년(중고신입)

* 1번 지원동기는 생략

2. 성장과정 : 성장과정을 구체적으로 기술해 주세요.

1) **역량&성격** : 책임감
2) **경험** : 고등학교 교환학생
3) **글자 수** : 798/800자

[포기하지 않기에 성장할 수 있는]

어렸을 적부터 부모님께서 독립적으로 강하게 키우려고 노력하셨습니다. 그래서 자연스레 제가 선택한 일에 대해 스스로 책임지고 살아갈 수 있었습니다.

열일곱살 때, 하니에듀라는 기업에서 1년간 교환학생을 보내주는 프로그램에 지원하였습니다. 당시 미국에 가보고 싶어 지원했던 것인데, 막상 시험을 합격하여 미국 노스케롤라이나에서 지내보니, 언어장벽과 인종차별을 심하게 느끼게 되었습니다. 3개월까지 버티다가 너무 힘들어서 부모님께 미국 생활 포기하고 싶다 말씀드렸더니, 돌아온 답변은 '항상 힘들면 포기하고 도망가는 사람이 될 것이냐'라는 말이었습니다. 저 역시 그 말에 공감하였고, 남은 기간을 단순히 버티는 것이 아니라 제대로 생활하여 적응하고자 다짐했습니다.

그 다짐이 있은 후 바로 한 번도 해본 적 없는 농구부에 합류하였고, 3개월간 꾸준히 헬스장과 학교를 오가며 팀원과 많은 시간을 보내자 자연스레 그들에게 스며들 수 있었습니다. 또한 우리나라에 비해 쉬웠기에 자신 있었던 수학을 친구들에게 가르쳐주고, 친구들이 관심있어 하는 한국에 대해 설명해주는 등 용기를 내어 여러 사람에게 다가갔습니다. 그 결과, 10개월간 123명의 친구들과 SNS 친구를 맺고 한국에 돌아올 수 있었습니다. 그리고 이때의 경험으로 어떤 어려움이 오든 끝까지 마무리하고 책임질 수 있다는 자신감이 생겼습니다.

　결국 회사 생활은 사람과 사람 사이의 약속이 기반이 되어준다고 생각합니다. 업무 유관자들과 협업하는 모든 순간마다 제 책임을 다하며, 그 약속을 지켜가도록 노력하며 신뢰받는 동료가 되겠습니다.

3. 사회활동 : 학업 이외에 관심과 열정을 가지고 했던 다양한 경험 중 가장 기억에 남는 것을 구체적으로 기술해 주세요.

1) **역량&성격** : 목표지향적 태도
2) **경험** : 식품 연합 동아리를 만들고 동아리 규모를 2배 성장시킨 경험
3) **글자 수** : 797/800자

[동아리를 2배 성장시킨 열정]

먼저 취업한 학교 선배께서는 회사 업무는 주어진 목표를 달성하는 일의 연속이라고 말씀해주셨습니다. 저는 대학 연합 학술동아리를 만들었고, 1년 만에 30명 이상의 실질 참여인원을 만들고자 하는 목표를 잡았습니다. 그리고 그것을 결국 이뤄냈습니다.

대학교 3학년 때, 타 대학교 학생들과 식품 트렌드와 이슈 등에 대해 토론해보고 싶다는 생각이 들었습니다. 가입하려고 보니 의외로 식품 관련된 동아리가 없어 내친김에 '****' 연합동아리를 만들었습니다. 첫 1기 때는 16명으로 시작되었는데, 체계도 없었고, 비용 문제도 많았으며, 특히 공장 및 기업 견학이 보통 30명 정도 규모는 되어야 받아줬기 때문에 콘텐츠 문제도 많이 발생하였습니다. 그래서 한 학기 운영 후 2기 모집 때 30명 이상을 만들고자 하는 목표를 세우고 다음과 같이 노력을 기울였습니다.

우선, 기존 멤버들의 이탈을 막는 것도 중요했기에, 매주 피드백을 받아 추가로 활동을 구성하고, 활동 후 뒤풀이를 꼭 하며 조직몰입도를 높였습니다. 또한 회칙을 작성하여 운영진과 팀원의 의무를 공표화하며 내실을 다졌습니다.

그리고 두 번째로 2기 홍보에 많은 힘을 기울였습니다. 홍보 콘텐츠 질을 높이고, 21곳 대학 커뮤니티에 업로드한 결과, 1기 모집 때보다 62명이나 증가한 78명이 지원하였고, 면접을 통해 20명을 선발하여 총 35명으로 동아리 인원을 늘릴 수 있었습니다.

목표가 주어졌을 때 방향이 생기고, 그를 통해 더 큰 성과를 이뤄낸다는 것을 깨달았습니다. 항상 열정이 담긴 노력으로 필히 목표를 달성해내는 사원이 되겠습니다.

4. 직무경험 : 희망직무 준비과정과 희망직무에 대한 본인의 강점과 약점을 기술해 주세요(실패 또는 성공사례 중심으로 기술해 주세요).

1) **역량&성격** : 제품과 시장에 대한 애정과 높은 이해도(강점), 꼼꼼하지 못한 성격(약점)
2) **경험** : 식품영양학&식품공학 복수전공(강점), 그밖에 경험들은 개괄식으로 나열, 경험은 특별히 없음(약점)
3) **글자 수** : 792/800자

[제품과 시장에 대한 높은 이해도]

　제가 생각하는 스스로의 장점은 진로를 치열하게 고민하고 선택하는 과정에서 식품업에 대한 애정과 지식을 키워왔다는 것이며, 약점은 다소 꼼꼼하지 못한 성격을 가진 것이라고 생각하고 있습니다.

　저는 식품영양학과로 대학을 시작하였고, 2학년까지 수학하며 영양학이 제게 맞지 않는다는 것을 깨닫게 되었습니다. 그 순간 바로 식품공학과를 복수전공했었고, 그래서 영양학과 식품공학 포함 총 84학점의 전공을 수강하며 식품에 대한 지식을 습득하였습니다. 또한 관련 자격증을 취득하고 HACCP, 할랄 교육을 듣는 과정에서 식품 산업을 이해할 수 있었습니다. 특히, 식품저장학과 위생법규 과목을 통해 식자재의 물류 프로세스와 관련 법규에 대한 지식을 충분히 학습하였습니다.

　그리고 따끈한 지식들의 필요를 느껴 식품저널을 구독하는 것은 물론, 식약처에서 주관하는 포럼에 참여하여 관련 정책을 지속적으로 확인하고, 식품 연합 동아리를 운영하며 식품 이슈와 트렌드를 빠르게 파악하기 위해 노력해왔습니다. 이러한 식품 산업과 관련 법규에 대한 이해를 토대로 협력사 담당자들과 구매팀을 상대해야 하는 품질직무에서 제 장점을 발휘할 수 있을 것이라 기대하고 지원하게 되었습니다.

이렇게 단단한 업무적 기반을 가지고 여러 업무 유관자들과 함께 WIN-WIN 하는 품질인이 되고 싶습니다. 또한 꼼꼼하지 못한 성격이 업무에 방해가 된다고 느낀다면 남들이 두 번 볼 때 세 번 보고, 선후배님들께 지속적으로 크로스체크를 부탁하는 등 남들보다 더 노력을 하며 칠칠치 못한 성격을 꼭 보완하겠습니다.

5. 입사 후 포부 : 입사 후 직책별(사원, 대리, 매니저, 팀장) 회사생활 시나리오와 그것을 추구하는 이유를 기술해 주세요.

1) 역량&성격 : 데이터 분석력, 행동력(클레임 대응)
2) 경험 : R+ 공부와 영양사 인턴 경험
3) 글자 수 : 796/800자

[데이터와 현장, 양면을 놓치지 않겠습니다]

　제품이 양산화되고 유통되고 판매되는 과정 전반에 이르러 품질이 개입을 하지 않는 곳은 없다고 생각합니다. 그러기에 품질관리인 나름의 관리방안이나 클레임 대응력을 가지고 있지 않다면 어려움에 부딪히게 될 것 같습니다. 저는 이런 양 측면에 대해 직책을 거듭할수록 업그레이드되는 면을 보여드리고 싶습니다. 그래서 이를 위해 두 가지를 약속드리고 싶습니다.

　첫 번째, Data Driven 역량을 키우겠습니다. 저는 향후 어떤 산업이든 축적된 데이터로 '디지털 연구'를 하는 시점이 오게될 것이라 생각합니다. 그래서 현재 R+과 파이썬에 대한 수업을 듣고 있습니다. 이 중 통계와 연관지을 수 있는 R+은 입사 후에도 계속 공부하며 현업에 적용시킬 수 있는 방안을 모색하겠습니다. 제가 바라는 이상향은 Data 정합성이 이뤄진 상태에서의 목적성 있고 효율적인 관리입니다.

　두 번째, 현장에 답이 있습니다. 품질에 문제가 생기면 앉아서 처리하는 것이 아니라 무조건 달려가겠습니다. 저는 활발하고 행동력이 좋기에 남들보다 한발 더 빠르게 행동하는 것은 자신 있습니다. ****에서 영양사 인턴을 할 때에도 2개월 내내 식당에 나가서 식사를 하시는 고객들의 표정과 잔반의 양을 기록해뒀고, 특히 식사에 대한 평이 들어오면 적용할 수 있는 사안은 바뀌내기 위해 계속 노력했었습니다. 이런 과정들의 결과물은 제가 판단할 수 없었지만, 향후에도 현장의 목소리를 들으며 업무를 해야겠다는 제 생각은 더욱 굳어지게 되었습니다. 항상 한발 앞서 문제 현장에서 보고하는 품질관리인이 되겠습니다.

① 이 자기소개서에 표현된 역량&성격이 적합한가?

이 자기소개서는 식품회사의 품질보증 직무에 필요한 역량&성격을 '책임감', '목표지향적 태도', '제품과 시장에 대한 애정과 높은 이해도', '데이터분석과 행동력'으로 보았다. 여기엔 서술하지 않은 지원동기에서는 사실 별다른 역량을 말하지 않고 식품업의 미래에 대한 이야기를 담았기에 사실 4번의 '제품과 시장에 대한 애정과 이해도'와 약간 상충되기도 한다. 하지만 기본적으로 필요해 보이는 역량들로만 구성한 것이 맞다. 다만, 목표지향적 태도와 행동력은 필자가 생각하기에 품질팀의 1 Tier 역량은 아니다. 보통 다른 지원자들은 커뮤니케이션스킬이나 문제해결력 등을 많이 활용하긴 한다. 하지만 이 지원자의 경우 저 동아리 내용이 자신에게 주는 이점이 많았고, 그를 활용하기 위해 고민하다가 목표지향적 태도를 꺼내게 되었다. 또한 행동력의 경우는 이 지원자의 최대의 강점이자 그 친구 자체의 모습이었기에 꼭 넣었어야 했다. 즉, 아무리 직무에서 중요한 역량&성격이라고 한들, 본인이 다른 역량&성격이 더 적합하다 느낀다면 교체해서 그것을 쓰는 것이 좋다는 뜻이다. 그런 측면에서 아주 좋은 배치로 보인다.

② 글의 균형이 적합한가?

1) 역량&성격의 균형

성격 3개(책임감, 목표지향성, 행동력), 역량 2개(제품&시장이해도, 데이터분석)로 균형은 좋다.

2) 경험의 균형

깔끔하다. 고등학교의 경험, 동아리 활동, 대학교 전반의 경험, 인턴 경험까지 이렇게 인생 전체에 걸친 네 가지 경험을 잘 뿌려서 사용하였다.

③ 총평

식품업계의 품질업무는 다른 공대 자기소개서와는 약간은 다른 분위기를 띠게 된다. 아무래도 공학처럼 수업 얘기를 많이 할 필요가 없고, 특히 ISO라든지 HACCP 같은 인증은 학교보단 사외기관에서 많이 듣게 되고, 무엇보다 여성 지원자가 많기 때문이 아닐까 한다. 사실 식품업계 말고 타 업계도 QA나 QC가 있는 산업은 여성 지원자가 상대적으로 많이 지원한다. 생산 엔지니어보다는 접근이 쉬워서 일 수도 있다.

사실 이 자소서를 베스트로 뽑은 큰 이유 중 하나는 단점 항목의 배치에 있었다. 필자가 첨삭을 하면서 새롭게 시도했던 방법인데, 서론에 장점과 단점을 간단히 개괄하고, 본론엔 장점만 서술한 후 결론부에 단점에 대한 대비만 써보는 방식이었는데, 아주 만족한다. 일반적인 방식이 아니므로 참고해서 한번 장단점 항목을 작성해보는 것도 추천한다.

통신 네트워크

- **회사/직무** : 롯데정보통신 IT(2020년 하반기)
- **스펙** : 남자/32세/중경외시 라인 컴퓨터공학과/학점 3.8 이상/토익 850 이상/석사 IT프로젝트 경력 1회

1. 지원동기를 구체적으로 기술해 주시오.

1) **역량&성격** : 기업 비전, 4차 산업 기술 관련
2) **경험** : 가치관 중점으로 기술
3) **글자 수** : 499/500자

　롯데정보통신의 비전과 과거부터 갖춰온 저의 기술적 가치관은 여러모로 일치합니다. 제가 갖추고 있는 경험, 역량, 지식을 가장 잘 발휘할 수 있다는 확신으로 지원하였습니다.

　롯데그룹은 지난해 '뉴(New)롯데'를 선언하며 4차 산업혁명을 대비하기 위한 움직임을 서두르고 있습니다. IoT, AI, 빅데이터 등 4차 산업혁명 기반 기술들을 가장 잘 이해하고 수행할 수 있는 기업은 롯데정보통신이라고 생각합니다. 머지않아 다양한 그룹사에 첨단기술 도입을 통하여 기술을 축적하고 더 완벽한 시스템을 구축하는 데 가장 유리한 위치를 차지할 것으로 판단하였습니다.

　제가 가진 비전은 고등학교 시절 "기술로 사람을 이롭게 하다"라는 기사와 책을 보며 형성되었습니다. 이는 소프트웨어 전공자로서 자연스럽게 기술개발에 관심을 두고 성장할 수 있는 원동력이라고 생각합니다. 그중 4차 산업혁명은 다양한 영역에서 기술로 사람을 이롭게 할 수 있다는 확신으로 이어졌습니다.

2. 성장과정을 구체적으로 기술해 주시오.

1) **역량&성격:** 준비된 인재, 능동적 태도, 적극적 자세
2) **경험** : IoT 주제 연구
3) **글자 수** : 789/800자

[성장의 출사표, 업무자세는 능동적 태도로부터]

IoT 관련 주제로 다양한 연구를 진행하였습니다. 업무 초반에는 주어진 간단한 업무도 헤매거나, 상사의 의도와는 다르게 진행해서 문제가 생겼습니다. 그때마다 저는 문제에 대해서 끊임없이 고민하였습니다. 문제는 저 자신의 마음가짐에 있었습니다. 회사는 학교와 다르게 책임감에서 커다란 차이가 있었으며, 개인주의, 수동적인 업무 자세로는 전체적인 흐름을 이해하고 문제점까지 제안할 수 있는 전문적 시야로 발전할 수 없었습니다.

잠을 잘 못 잘 정도로 마음이 불편하였으며, 몇 날 며칠을 고민하였습니다. 그 이유가 무엇이고 왜 이런 식으로 일을 처리할 수밖에 없었는지를 고민하며 저 자신의 변화를 가졌습니다.

이전에는 상사가 분배하는 일에만 목적을 갖고 수동적으로 움직였다면, 지금은 능동적인 자세로 임하며 먼저 상사에게 다가가 조언을 구합니다. 때로는 상사에게 지적을 받지만, 시간이 지날수록 상사의 기술을 습득할 수 있었습니다. 이제는 GML기반 표준화 제안 임무를 수행하거나 산업용 데이터 교환 아키텍처 관련 과제, 도시가스 기반 IoT 플랫폼 설계 등을 스스로 수행할 수 있습니다.

하루가 다르게 쏟아져 나오는 기술 중 우리나라에서 최초로 공부한다면, 장차 최고 전문가로 거듭날 수 있다는 상사의 조언을 들으면서, 나 스스로 내일에 대한 주인공이 되기 위해 노력하고 있습니다. 수동적인 삶에서는 외적 성장 혹은 지식을 얻기 위한 도전을 중요시했다면, 능동적인 변화는 저에게 있어 내면의 의미를 새롭게 다지는 계기가 되었습니다.

1) **역량&성격** : 목표달성, 열정적 참여, 전략적 계획

2) **경험** : 농촌 봉사활동 참여

3) **글자 수** : 799/800자

[청년들의 열정으로 최고 목표 달성, 어르신들 만족도 100%]

　학부시절 3일간의 농촌 봉사활동은 학업은 이외에 짧은 기간 동안 가장 열정을 쏟았던 경험입니다. 청년들이 없는 마을은 무더위에 노쇠하신 할아버지 할머니가 일하시다가 '병원에 실려 가는 일이 빈번하게 일어난다'는 이야기를 들었습니다. 최선을 다해 목표를 달성하고 싶었지만, 12명의 인원 대비 일의 양이 훨씬 많았기에 목표를 달성할 수 있을지는 미지수였습니다.

　목표를 달성하기 위해 전략적인 계획을 세워야 했습니다. 우선 여성 봉사자 다수와 혹시 모를 힘쓰는 일에 대비하기 위해 남성 봉사자 한 명을 배 밭에 배치하고 일 경험이 많이 없는 남성 봉사자를 논에 물 투입하는 일에 배치하였습니다. 저와 나머지 인원은 잡초를 제거하는 일을 맡았습니다. 봉사활동을 수행하는 동안 새벽 5시에 기상하여 비몽사몽으로 작업을 시작하였습니다. 원래 아침을 먹지 않아서 달라진 식습관과 생활방식 때문에 소화불량으로 많은 고생을 하였습니다. 또한, 생소한 작업 도구 사용에 익숙해지는 것도 고비였습니다. 어려움이 있을 때마다 항상 팀원들과 농담을 주고받으며 꿋꿋하게 이겨냈습니다.

　결국, 마지막 날에는 물이 가득하고 잡초 없이 깨끗해진 논과 포장지로 된 밭을 이루며 할아버지와 할머니가 원하는 최고 수준의 목표를 이루어 드렸습니다. 더욱이 설문조사 모든 항목에서 최고로 만족하신다는 응답에 저희의 뿌듯함이 두 배가 되었습니다. 이후 수확 철에 이장님께서 열심히 도와주어서 고맙다는 인사와 함께 농작물을 보내 주었습니다. 미지수의 목표를 유연한 계획과 부단한 노력으로 달성한 소중한 경험이었습니다.

4. IT와 관련하여 본인이 경험한 프로젝트/직무 경험을 기초로 본인의 강점과 약점을 기술해 주세요.

1) **역량&성격** : 강점 강조, 인내와 오기, 기초지식 보완
2) **경험** : 라우팅 프로토콜 혼합
3) **글자 수** : 799/800자

[300번을 시도하는 업무자세, 그 결과는 성공입니다]

　끝까지 집중하는 인내와 오기가 있습니다. 통신네트워크 시뮬레이션 실험을 성공하기 전까지 301번의 실패를 경험하며 오늘의 업무 자세를 갖추게 되었습니다.

　성격이 다른 두 개의 라우팅 프로토콜을 혼합하는 데 각 변수를 수치화하고 알고리즘을 수정하며 최적의 값을 찾기 위한 작업횟수가 300번이었습니다. 단순히 횟수가 거듭된 실험이 아니라 전체 진행 내용을 갈아엎기도 하고 선배에게 조언을 구하며 얻은 실패의 횟수였습니다. 당시 혼자서 감당해야 하는 실험이었기에 누구도 나를 대신할 수 없었습니다. 계속된 실패는 목표에 대한 간절함을 확인할 수 있었고 다음의 성공을 준비할 보완점을 찾는 과정의 일환이었습니다. 이렇게 300번의 실패와 좌절 끝에 이뤄낸 프로젝트 성공으로 깨달은 한 가지는 '시련은 있어도 실패는 없다'라는 뚜렷한 업무 자세입니다. 만약 중도에 포기했다면 기존의 87%의 전달 성공률을 개선하여 10% 더 향상하지 못했을 것입니다. 입사 후에도 항상 포기하지 않고 끝없이 도전하는 업무 자세를 바탕으로 최고의 결과를 이뤄내겠습니다.

　다만 프로젝트 수행 시 단점이 있다면 프로그래밍 기초 지식이 부족합니다. 대학원에서 소프트웨어를 전공하며 늦게나마 부족한 기본을 다졌고, 산학프로젝트와 인턴십 및 연구실에 소속되어 실무지식을 직접 활용한 프로젝트를 진행하며 약점을 보완하고 있습니다.

1) **역량&성격** : 기술 이해고, 융합인재 및 최고 전문가
2) **경험** : 플랫폼, 통신, 빅데이터 분야
3) **글자 수** : 489/ 500자

　롯데정보통신에서 IoT 플랫폼을 중심으로 통신, 빅데이터 역량을 쌓겠습니다. 스마트홈, 스마트시티, 스마트도로 등 다양한 산업 도메인에 IoT와의 융합을 통해 플랫폼의 완성도를 높이도록 하겠습니다. 우선 타깃 산업을 설정하고 요구사항 및 환경을 면밀히 분석하는 것이 중요하다고 생각합니다. 이는 각각 수용할 디바이스, 통신, 데이터 구조 등 다양한 부분에서 차이가 있기 때문입니다. 분석을 바탕으로 컴포넌트 단위로 개발을 진행하고 다양한 통신의 상호호환성이나 상호운용성을 만족시킬 수 있도록 하겠습니다. 마지막으로 플랫폼을 완성하며 최적화를 진행하겠습니다. 이후 완성된 플랫폼을 중심으로 다양한 산업 도메인에 적용 및 개발을 통해 플랫폼 완성도를 높이겠습니다.

　현재와 다르게 미래에는 한 분야의 전문가로는 성장의 한계가 있다고 생각합니다. 저는 3가지 기술에 대한 목표를 세우고 나아가면서 융합인재로 성장하고 싶습니다. 그 후 플랫폼, 통신, 빅데이터 분야에서 '최고기술전문가'로 거듭나겠습니다.

✍️ 이 자기소개서에 대한 평가

① 이 자기소개서에 표현된 역량&성격이 적합한가?

IT 직무는 수행하는 과업에 따라서 필요한 역량&성격에서 차이가 있다. 하지만, 지원자가 선택한 성격의 경우 IT 직무 수행자에게 꼭 요구하는 역량&성격이다. 기술개발 관심도, 능동적 태도, 목표 및 계획능력, 끊임없이 도전하는 업무자세, 기술에 대한 끊임없는 학습으로 적절하게 작성했다고 볼 수 있다.

② 글의 균형이 적합한가?

1) 역량&성격의 균형

지원동기, 사회활동, 성장과정, 직무경험, 입사 후 포부는 자기소개서를 작성할 때 단골로 등장하는 기본형 질문이다. 대부분의 자기소개서 질문들은 본 항의 응용에서 되는 만큼 지원하는 직무의 역량&성격의 균형을 맞출 수 있다면 좋은 평가로 이어질 수 있다. IoT 플랫폼에 중점적으로 기술된 점이 강점이나 단점이지만, IT 직무에 맞춰서 적절한 역량&성격을 기술했다고 볼 수 있다.

2) 경험의 균형

직무수행, 봉사활동, 고등학교 등 다양한 삶의 경험을 사용했다는 점에서 잘 작성했다고 볼 수 있다. 3번 문항에서 사회활동의 경우 학업 이외에 관심과 열정을 가지고 했던 경험을 묻고 있다. 보통 이러한 문항을 작성할 때 대부분 취업준비생은 인턴, 대외활동 등을 기술하는데 지원자는 1번, 2번, 4번, 5번 항목을 고려해서 봉사활동을 적었다는 점에서 자기소개서에 쉼을 사용했다고 볼 수 있다.

③ 총평

IT 직무에 필요한 기본적인 역량을 제시했다는 점에서 훌륭한 자기소개서이다. IT 직군의 경우 전문성이 필요한 직무이기 때문에 관련 프로그래밍 경험, 플랫폼 이해도, 프로그래밍언어 능력에 치우쳐서 많이 작성하는 편이다. 현재 작성된 역량의 경우 모든 IT직군에 필요한 역량인 만큼 실무자의 공감대를 끌어낼 수 있다.

• **회사/직무** : 삼우종합건축사사무소 안전(2021년 상반기)
• **스펙** : 여자/25세/지방국립대 건축안전학과/학점 3.8 이상/토익 800점 이상/경력 無

1. 당사에 지원하게 된 동기와 입사 후 이루고 싶은 목표를 서술해 주십시오.

1) **역량&성격** : GCS 직무 이해도, 직무자격증 취득
2) **경험** : 대만 타이베이, 싱가포르 등 여행
3) **글자 수** : 985/1,000자

[안전과 美]

안전관리 설계에 직접 기여하고자 지원했습니다. 2017년 포항 지진으로 학교 건물이 파손되어 수능이 연기되고, 2021년에 들어 스페인 카리니아제도의 화산 폭발, 일본의 아소산 화산 분화로 전 세계에서 지진이 증가하고 있습니다. 지진 발생이 증가하고 있지만, 도시 인구의 증가와 토지소비를 최소화하는 방법에는 초고층 빌딩 산업이 유일한 해결책입니다.

초고층 빌딩의 안전에 기여하기 위해서는 내진설계, 안전설계, 바람에 의한 와류를 통제하는 것이 중요합니다. 내진설계, 안전설계 이 2가지를 수행하면서 건축물의 아름다움을 겸비한 곳은 삼우종합건축사 사무소밖에 없습니다. 세계 3대 디자인상을 받은 삼우종합건축사사무소는 8,000여 개의 프로젝트를 수행하고 반도체, 디스플레이, 병원시설 등의 여러 산업 분야에서 전문성을 보이고 있습니다. 서울식물원 같이 한국 건축의 새로운 미를 더하는 모습에 매료되었고 신입사원이 되어 안전관리기술의 기초를 둔 GCS 직무를 수행하고 싶어 지원하게 되었습니다.

안전, 내진설계에 대한 경험을 얻고자 돈을 모아 2017년 대만 타이베이로 여행을 갔습니다. 타이베이 101빌딩의 동조질량감쇠기를 보면서 어떻게 커다란 구를 옮겼는지, 댐퍼의 원리가 무엇인지 궁금했습니다. 한국으로 돌아와 기계진동, 기계설계 과목을 이수하여 댐퍼의 원리를 배우며 해당 역량을 길렀습니다. 또한, 일반기계기사 및 산업안전기사를 취득하였고 건축설계에 중요한 배관 설계에 대한 역량을 기르기 위해 공조냉동기계기사를 준비하여 현재 실기만을 남겨두고 있습니다. 2019년 혼자 싱가포르로 떠나 차별화된 개성 있는 건물들을 보고 한국에서 가장 창의적인 건물을 설계하는 삼우종합건축사사무소에 입사하고 싶다는 열정을 키웠습니다.

입사 후 목표는 반도체, 병원시설뿐만 아니라 초고층빌딩의 안전설계에 기여하고 싶습니다. 배움에 대한 적극적인 태도로 업무 프로세스를 빠르게 습득하여 GCS 직무를 수행하겠습니다. 발로 뛰는 실천력으로 목표한 바를 달성해내는 열정적인 사원이 되겠습니다.

2. 열정과 자신감을 가지고 도전했던 경험은 무엇이었으며, 어떻게 행동하였고, 그 결과는 무엇인지 기술하여 주십시오.

1) **역량&성격** : 실패를 통한 교훈, 도전정신, 혁신적 태도
2) **경험** : 실리콘 3D 프린터 제작
3) **글자 수** : 857/1,000자

[돌돔으로 생선까스 만들었네]

　졸업과제로 실리콘 3D 프린터를 만들었을 때 조교님들에게 들었던 말이었습니다. 졸업과제는 처음이자 마지막이자 그동안 배운 지식을 활용하여 제품을 만든다는 생각에 열정을 다해 과제를 수행했습니다.

　유체 실험방 선배, 학과 1등 동기와 조를 이뤘고, 조원 모두 유체역학에서 성적이 우수했기에 해당 역량을 활용하고자 생각했습니다. 매년 학과에서 나오는 주제인 강화유리를 깨는 도구, 캐리어 계단보조 기구를 만드는 것보다 제4차 산업혁명과 관련된 주제이면서 한 번도 경험해보지 못한 분야에 도전하고자 '의료용 3D 프린터'를 만들고자 했습니다.

　필라멘트 3D 프린터를 분해하여 헤드부분을 실리콘용으로 설계하고 실린더 고정 부품을 만들고, 스탭 모터를 바꿔가며 의료용 3D 프린터를 만들었습니다. 지름 15cm의 원을 출력하려고 했지만, 3층 이상 쌓이지 않는 문제가 발생했습니다. 원인은 의료용 실리콘 특성상 점도가 묽고 마르는 시간이 오래 걸렸기 때문이었습니다. 졸업작품 제출 1주 전, 시중에서 다른 의료용 실리콘 제품을 구하기에는 한계가 있었고 결국 공업용 실리콘을 사용하여 '공업용 실리콘 3D 프린터'를 만들었습니다. 주목적이었던 의료용과 맞지 않아 C+의 학점을 받았고, 저희 조는 생선까스 조라며 놀림을 당했습니다.

전공과목에서 유일한 C+로 졸업을 하게 되었습니다. 상심하지 않았다면 거짓말입니다. 해당 성적을 받고 실망했지만 한편으로 족보에 의존하지 않고 새로운 영역을 끊임없이 탐구하여 3D 프린터를 만들어냈다는 점에서 자부심을 느끼고 있습니다. 현실에 안주하지 않고 새로운 것을 끊임없이 갈구하고 그것을 이루고자 하는 열정을 활용하여 삼우종합건축사사무소에 입사하여 GCS 직무를 수행하겠습니다.

3. 새로운 환경이나 조직에 들어가서 갈등을 겪었던 경험과 이를 성공적으로 극복했던 사례에 대해서 서술해 주십시오.

1) **역량&성격** : 리더십, 갈등관리능력
2) **경험** : 구조설계 프로젝트
3) **글자 수** : 912/1,000자

[휘몰아치는 바람, 돛대가 되다]

　친환경 자동차 구조설계 프로젝트를 수행하면서 방향성을 잡아 의견 충돌을 조율한 경험이 있습니다. 일반 자동차와 하이브리드 자동차의 부품을 비교하고, 하이브리드 자동차의 개선할 문제를 도출하여 이론적으로 구조설계하는 프로젝트를 수행했습니다. 자료 조사를 통해 엔진, 모터, 변속기, 서스펜션, 촉매 변환기, 타이어, 배터리 등등의 부품을 알게 되었고 이 내용을 바탕으로 어떤 부품을 개선할지 회의를 시작했습니다. 하지만 팀원 5명 모두 의욕적이고 사이가 좋아 의견 충돌이 자주 일어났습니다. 몇몇 팀원은 앞서 말한 7가지 부품 모두 성능 개선을 해야 한다는 의견과 또 다른 팀원은 엔진과 모터 같은 주행성능에 영향을 주는 부품을 개선해야 한다는 의견으로 갈등이 생겼습니다. 이 갈등으로 자신의 내용을 받쳐줄 자료를 찾아오기 시작했고 팀 내에서 경연이 벌어질 정도였습니다.

　서로 감정이 상하는 모습이 보였고, 문제를 완만히 해결하기 위해 저는 이 프로젝트의 주목적인 친환경을 상기시켰습니다. 팀원들의 의견 모두 중요하지만, 서로 자신의 주장이 맞는다며 이기려 들면 팀 내 불화가 생길 뿐, 이득이 없다고 알렸습니다. 이에 수긍한 팀원들은 주목적인 친환경을 토대로 방향을 잡아 회의를 시작했고, 엔진의 효율과 배출가스를 개선해야겠다고 결론을 내렸습니다. 경연하며 쌓아온 방대한 자료를 토대로, 엔진과 촉매 변환기를 이론적 개선 사항으로 도출하여 프로젝트를 마칠 수 있었습니다. 방향성을 잡아준 결과, 문제를 완만하게 해결할 수 있었고 조 발표 1등과 팀원 모두 A+를 받을 수 있었습니다. 휘몰아치는 바람, 지식을 가진 사원으로 입사하여 돛대, 등대 같은 선배님의 경험을 배워 일을 수행하겠습니다.

풍부한 바람이 되어 삼우종합건축사사무소의 비전인 '경계 없는 도전'처럼 경계를 막론하고 태평양, 대서양, 인도양을 누비는 삼우종합건축사사무소의 직원이 되도록 노력하겠습니다.

4. 본인의 강점과 약점을 언급하시고, 그 강점이 앞으로 삼우와 본인의 발전에 어떻게 기여할 수 있는지를 서술해 주십시오.

1) 역량&성격 : 강점 강조, 목표의식 및 실행력
2) 경험 : 다양한 과제(자격증 취득, 학점 관리, 아르바이트 등) 동시 수행
3) 글자 수 : 967/1,000자

[현재진행형 : be 실행력ing , be 열등감ed]

명확한 목표의식을 동반한 실행력이 강점입니다. 학업과 자격증 시험을 준비하면서 이러한 강점을 극대화할 수 있었습니다. 4학년 2학기, 11학점을 수강함과 동시에 주말 아르바이트 18시간, 일반기계기사 실기, 정보처리기사 필기, 컴퓨터 활용능력 필기를 준비했습니다. 친구, 동기들은 5마리의 토끼를 잡으려다 1마리도 못 잡을 수 있다며 1가지에만 집중하는 것을 추천했습니다. 하지만 지식에 대한 열정, 금전, 시간 모두 포기할 수 없었던 저는 명확한 목표의식을 향한 추진력을 발휘하여 도전하였습니다.

주말에는 18시간을 아르바이트하며 암기과목을 틈틈이 공부했고, 평일에는 강의를 수강하고, 독서실을 다니며 4개월 동안 노력한 끝에 수강과목 전체 A+, 필기시험 전 과목 합격, 일반기계기사 자격증을 취득할 수 있었습니다.

열등감이 약점입니다. 제1, 2차 통합 일반기계기사 필기시험에 떨어진 저와 달리, 동기들은 모두 한 번에 합격했습니다. '동기들은 다 붙었는데, 왜 난 못하지?'라는 생각이 들었고 이 열등감을 극복하기 위해 더 많은 자격증 취득에 도전했습니다. 두 번째 시도한 일반기계기사 시험은 실기까지 한 번에 통과하였고, 여기서 그치지 않고 정보처리기사를 취득하고 배관지식을 기르기 위해 공조냉동기계기사에 도전하여 현재 실기만을 남겨두고 있습니다.

명확한 목표의식을 동반한 실행력으로 업무 프로세스를 빠르게 습득하고 안전분야의 2D · 3D 설계도를 해석하는 데 앞장설 수 있다고 생각합니다. 또한, 추후 입사하여 2022년 공조냉동기계기사를 취득하여 반도체, 병원시설 설계에 전문 지식과 안전을 융합하도록 노력하겠습니다. 변화를 두려워하지 않고, 명확한 목표의식을 향한 실행력을 통해 삼우종합건축사사무소의 비전인 '경계 없는 도전'과 미래기술의 초융합에 도움이 되고자 노력하겠습니다.

① 이 자기소개서에 표현된 역량&성격이 적합한가?

안전/환경 직무는 TO가 적은 분야로 자신이 지원한 직무에 맞춰서 정확한 역량&성격이 기술되어야 한다. 현재 자기소개서는 안전 직무로서 도전정신과 실행력에 중점을 두고서 작성된 점은 적합하다 볼 수 있다. 단, 상대적으로 안전에 대한 지식, 기술에 대한 접근보다는 건축사무소에 맞추다 보니 기계, 배관 지식 등에 맞춘 점은 아쉽다고 볼 수 있다.

② 글의 균형이 적합한가?

1) 역량&성격의 균형

지원자의 역량&성격은 열정, 자신감, 도전, 실행력 등 리더십이 있는 것을 자기소개서로 알 수 있다. 지원자의 이러한 점이 잘 반영되어서 역량이나 성격의 일치성은 잘 기술했다고 볼 수 있다.

2) 경험의 균형

1번과 4번의 문항을 살펴보면 기계기사, 냉동기계기사 자격증 취득의 내용이 중복되어 기술된 것을 알 수 있다. 이런 점은 아쉬운 부분이라 할 수 있다. 특히, 3D 프린터 제작, 구조설계 프로젝트를 기술한 것은 안전관리 설계에 기여하고 싶다는 1번 문항과 연결해서 볼 수 있으나 안전관리에 대한 경험이 기술되었다면 더욱 균형이 맞았을 것이다.

③ 총평

안전/환경 직무는 건설, 제조, 농업, 축협 등 다양한 업종에서 필요로 하는 만큼 해당 업종의 과업을 고려하고 기술해야 한다. 하지만, 그 근본은 안전/환경임을 이해하고 기술해야 한다. 따라서 역량&성격을 선정할 때는 기본적으로 안전/환경을 작성하고, 해당 업종의 특성에 필요한 역량&성격을 부가적으로 기술해야 좋은 평가를 받을 수 있다.

08 건설(건축사업)

- **회사/직무** : 현대건설 건축사업(2019년 상반기)
- **스펙** : 여성/25세/인서울 중상위권 대학 토목학과/학점 4.0/토익 880/OPlc IH/토목기사/인턴 1회(대기업 건설사)

1. 현대건설 및 해당 직무에 지원한 이유와 본인이 이루고자 하는 목표를 구체적으로 기술하여 주십시오.

1) **지원동기 콘셉트** : 브랜드 네임벨류와 상생협력
2) **역량&성격** : 예의, 상생협력 추구
3) **경험** : 없음
4) **글자 수** : 697/700자

[홀로가 아닌 우리를 꿈꾸는 현대건설]

　사회의 모든 구성원들은 건축물로부터 혜택을 누리며 살아가고 있습니다. 인간이 만들 수 있는 가장 위대한 발명품을 건축물이라고 생각하여 왔기에, 어렸을 적부터 건설업에서 종사하기를 꿈꿔왔습니다.

　그중 현대건설은 업계 No.1이자, 상생협력을 통해 사회에 미치는 긍정적 영향을 높이는 기업이라고 생각하기에 지원하였습니다. 힐스테이트는 각종 조사에서 1위 내지 상위권 수준을 기록하고 있습니다. 그것이 단기간에 쌓인 것은 아니란 것도 잘 알고 있습니다. 선배님들의 프로페셔널한 시공 관리와 지속된 브랜드 가치 제고를 통해 만들어진 브랜드의 힘을 이어가고 싶습니다.

　대기업 건설사는 수많은 공사현장이 있고, 공사마다 수십 개의 하도급 업체를 선정하기에, 협력사와의 관계에 있어 우월적 위치에 있습니다. 그럼에도 불구하고 현대건설은 협력사 협의회를 구축하고 지난 십년간 만족도를 조사하며 개선

사항을 반영하고 있으며, 동반성장펀드를 포함한 2,000억의 자금 지원 등을 통해 협력사와의 동반성장을 추구하고 있습니다.

이익창출을 넘어, 사회에도 이익을 환원하는 현대건설에 입사하여, 건설업이 사회에 더 큰 효용을 창출할 수 있도록 만드는 사람이 되고 싶습니다. 그리고 협력사에게 항상 예의바르게 행동하는 모습과 상생협력을 실천하고자 하는 지금의 모습을 은퇴하는 순간까지 잃지 않을 것을 약속드립니다.

2. 지원 직무를 어떻게 이해하고 있는지 기술하고, 해당 직무에 본인이 적합하다고 판단할 수 있는 근거를 본인이 경험한 사례를 중심으로 구체적으로 제시하여 주십시오.

1) 역량&성격 : 인적 자원 활용 및 관리 능력
2) 경험 : 건축 봉사활동
3) 글자 수 : 998자/1,000자

[적절한 상황 파악으로 공기 달성에 이르기까지]

  건축사업직무는 시공의 A부터 Z까지를 담당한다고 알고 있습니다. 사업지의 건축절차를 밟고, 입찰에 선정되면 현장에 투입되어 공정관리를 진행합니다. 저는 토목공학을 전공하며 쌓아온 전문지식과 *** 인턴십 및 500시간에 달하는 건축 봉사활동을 통해 현장을 경험하며 인적 자원배분의 소중함을 배울 수 있었습니다.

  2018년 ** 봉사활동 당시, 3개월간 현장에서 스태프로 근무하며 목표 공기를 성공적으로 마쳤던 경험이 있습니다. 당시, 하루 평균 40명의 봉사자 및 입주자가 봉사에 참여했는데, 비전공자들의 낮은 작업 능률 탓에 2주 안에 마쳐야 하는 2~3층 외벽공사가 지연되고 있었습니다. 저는 이를 해결하기 위해 30분 일찍 현장에 도착해 효율적인 동선을 찾고, 바닥에 동선 테이프를 매일 고쳐 붙였습니다. 또한 작업에 필요한 목재와 공구들을 미리 동선 근처에 놓게 부탁하여 불필요한 시간을 단축했고, 2명의 안전팀과 2명의 현장관리팀을 배치하여 공기 지연 요소를 제거했습니다.

  안전팀은 1시간 단위로 교대하며 작업장과 봉사자 상태에 대한 안전요소 체크리스트를 작성하게 만들었고, 현장관리팀은 공사의 진척 과정을 엑셀로 기록하며 필요 공사량을 계속 카카오톡 방으로 공유하게 만들었습니다. 그리고 시공을 맡은 인원들 중 건축학과 인원들에게 드라이비트 설치를 시연하게 하고, 손재주가 좋은 인원들만 마감재를 바르게 하는 등 인원의 배치도 신경썼습니다. 또한

건축일정과 제작방법을 A1 크기로 출력하여 현장 4곳에 배치하며 전체적 공기를 주지시켰습니다. 이를 통해 지난 일주일간의 작업속도보다 훨씬 빨라진 속도로 외벽을 완성하였고, 지붕 작업도 예정 일정보다 3일을 단축해서 결국 기존 공기일에 하루 앞서 공정을 마칠 수 있었습니다.

당시 우리가 가진 인력을 분석하고, 효율적인 업무 분담을 통해 공기를 달성할 수 있었습니다. 제가 가진 상황분석력과 자원활용 역량은 현대건설의 시공 업무에서도 효율성을 만들어 줄 것이라 생각합니다.

3. 스스로 목표를 설정하고 추진하여 성공 혹은 실패한 경험과 이를 통해 어떠한 것을 얻을 수 있었는지 본인의 사례를 중심으로 구체적으로 기술하여 주십시오.

1) **역량&성격** : 강인함, 단단함, 목표지향적 태도
2) **경험** : 학업 전반, 그밖에 다양한 활동 열거
3) **글자 수** : 924/1,000자

[흔들림 없이, 강인하게]

　남성이 주류인 토목학을 전공하며, 여성인 저는 종종 약한 존재로 인식됐습니다. 하지만 편견은 오히려 저를 성장하게 해 주는 원동력이 되었습니다. 그에 부합되지 않기 위해 매일 치열하게 살았고 그 결과 어떤 어려운 일도 버텨낼 수 있는 강한 사람이 되었기 때문입니다.

　유능한 사회인으로 성장하겠다는 포부를 가지고 대학에 왔지만, 사람들은 제 성별에만 주목했습니다. 교수님과 선배님들은 여자가 토목 분야에서 살아남기 힘들 거라고 하셨습니다. 하지만 자신감을 잃고 체념하기보다, '유능한 사회인'을 목표로 성장해나가고 싶었습니다.

　그래서 먼저 성실하게 공부했습니다. 총 4번의 성적우수 장학금을 받고, 10% 내 성적을 유지하면서 4.0의 평점으로 졸업할 수 있었습니다. 3학년 때는 지반공학연구실에서 6개월간 연구생으로 활동하며, 각종 IT기기가 적용되고 있는 지반공학의 현재 실상을 겪으며 식견을 넓혔습니다. 그리고 토목기사 자격증에도 도전하여 3학년 2학기 때 기사를 취득했으며, 4학년 때는 학내 멘토링 활동을 통해 후배 6명이 모두 기사를 취득할 수 있게 돕기도 했습니다.

　또한, 다양한 일에 도전하며 협력하는 법을 배웠습니다. 댄스동아리에서 4년간 활동하며 매년 선후배와 함께 무대를 기획했고, 봉사활동인 SK ***** 활동을 하며 타 학교 학생들과 1년간 해외, 국내 봉사활동을 기획하고 실행하기도 했습니다. 밴드 보컬리스트에도 도전하여 무대를 만들어보았고, 음식 서빙, 출

장뷔페, 아이스크림 판매 등의 아르바이트를 통해 학교 바깥의 사회를 경험했습니다.

    크건 작건 할 수 있는 일에 시도하고 소정의 목표를 달성해 나가며, 제 자신을 더욱 단련했고 결국 주위 사람들의 인정을 받아왔습니다. 이와 같은 과정을 통해 만들어진 강인함과 자신감으로, 현대건설에서도 흔들리지 않고 전진해 나가는 사원이 되겠습니다.

① 이 자기소개서에 표현된 역량&성격이 적합한가?

이 자기소개서는 건설사 건축(주거) 직무에 필요한 역량&성격을 '예의와 상생협력', '인적 자원활용과 관리능력', '강인함'으로 보았다. 일단 예의와 상생협력의 특이성은 본인의 가치관이니 논외로 치고, 인적자원활용과 관리능력은 적합하고, 강인함도 적합하지만, 특히 건설업을 여성이 지원하는 것에서 오는 '면접관과 서류검토자의 걱정'을 해결해준 성격이라고 생각한다. 특히 그냥 읽어봤을 때 면접에서 질문할 것이 엄청나게 많아진다. 학교생활, 댄스동아리, 밴드 보컬리스트 등 수없이 질문이 나올 수 있는 좋은 답변이라고 본다. 단순히 강인함만 강조한 게 아니라 그렇게 면접 질문까지 뚫어놨다는 측면에서 아주 좋다.

② 글의 균형이 적합한가?

1) 역량&성격의 균형

성격 2개(예의&상생협력, 강인함), 역량 1개(인적 자원활용&관리능력)로 균형은 좋다.

2) 경험의 균형

역시 배치가 좋다. 동아리활동과 학업전반 내용을 써서 겹치지 않는다. 특히 좋다고 느끼는 것은 대기업건설사 인턴경험이나 댄스동아리 경험 등 소재거리가 가득하지만 그것을 하나도 쓰지 않고 다른 것만 사용한 것이다. 아마 질문이 많았으면 나왔겠지만, 지금 3개의 질문에 슬쩍 타이틀만 달아놓음으로써 면접 질문거리를 풍부하게 만든 전략이 돋보인다.

③ 총평

건설업에서의 여성 지원자는 스태프가 아닌 이상은 큰 디메리트를 가질 수밖에 없다. 솔직히 말하면 아주 힘들다. 그래서 사실 이 지원자도 면접과정에서 오히려 건설 수주영업으로 제안받아 현재 대기업 수주 영업직에서 근무하고 있다. 하지만 직무 변환을 제안받기 전에 면접관들이 지원자의 서류에 매우 공감하고 감동했다고 말해줬다는 후문이 있다. 자기소개서는 우선 상대가 공감하게 만드는 것이 중요하다고 생각한다. 자신을 진솔하게 오픈하는 글이 하나쯤은 있어야 면접관도, 서류 검토자도 공감하게 된다.

좋은 책을 만드는 길
독자님과 함께하겠습니다.

도서나 동영상에 궁금한 점, 아쉬운 점, 만족스러운 점이
있으시다면 어떤 의견이라도 말씀해 주세요.
SD에듀는 독자님의 의견을 모아 더 좋은 책으로 보답하겠습니다.

www.sdedu.co.kr

누가 봐도 뽑고 싶은 이공계 자소서 + 오디오북

초 판 발 행	2022년 4월 20일(인쇄 2022년 03월 29일)
발 행 인	박영일
책 임 편 집	이해욱
저 자	강선구 · 조현빈
편 집 진 행	김지운 · 여연주
표지디자인	이미애
편집디자인	양혜련 · 곽은슬
발 행 처	(주)시대고시기획
출 판 등 록	제 10-1521호
주 소	서울시 마포구 큰우물로 75 [도화동 538 성지 B/D] 9F
전 화	1600-3600
팩 스	02-701-8823
홈 페 이 지	www.sdedu.co.kr
I S B N	979-11-383-2191-4 (13320)
정 가	16,000원

※ 이 책은 저작권법의 보호를 받는 저작물이므로 동영상 제작 및 무단전재와 배포를 금합니다.
※ 잘못된 책은 구입하신 서점에서 바꾸어 드립니다.

들으면서 공부하자!
오디오북 시대

오디오북 수강 ▲

잠깐! 오디오북 어떻게 들을 수 있나요?

PART 4 한 시간 만에 쓰는 자소서 작성법 오디오북 수강 안내

1. QR코드 접속 ▶ 회원가입 또는 로그인
2. 오디오북 신청 후 마이페이지에서 수강

상담 및 문의전화 1600-3600

항균잉크란?

코로나19 바이러스
"친환경 99.9% 항균잉크 인쇄"
전격 도입

언제 끝날지 모를 코로나19 바이러스
99.9% 항균잉크(V-CLEAN99)를 도입하여 「안심도서」로
독자분들의 건강과 안전을 위해 노력하겠습니다.

TEST REPORT

항균잉크(V-CLEAN99)의 특징

◉ 바이러스, 박테리아, 곰팡이 등에 항균효과가 있는 산화아연을 적용

◉ 산화아연은 한국의 식약처와 미국의 FDA에서 식품첨가물로 인증받아 **강력한 항균력**을 구현하는 소재

◉ 황색포도상구균과 대장균에 대한 테스트를 완료하여 **99.9%의 강력한 항균효과** 확인

◉ 잉크 내 중금속, 잔류성 오염물질 등 **유해 물질 저감**

#1
-
< 0.63
4.6 (99.9%)주1)
6.3 x 10³
2.1 (99.2%)주1)

Clean Zone

'공기업/대기업, 부사관/ROTC/사관학교'

이제 AI가 사람을 하는 시대

WIN시대로

모바일 AI면접	준비하고 연습해서	다양한 게임으로	AI가 분석하는
캠이 없어도 OK	**실제 면접처럼**	**실전 완벽 대비**	**면접 평가서**

※ 윈시대로는 PC/모바일웹에서 가능합니다.

실제 'AI면접'에 가장 가까운 체험	동영상으로 보는 셀프 모니터링	단계별 질문 및 AI 게임 트레이닝	면접별 분석 및 피드백 제공

AI면접 쿠폰 사용 안내

1회 사용 무료쿠폰

OPE3 - 00000 - D091D

(기간 : ~2023년 12월 31일)

1. 윈시대로(www.winsidaero.com) 접속
2. 로그인 또는 회원가입 후 이벤트 페이지 이동
3. 쿠폰번호 확인 후 입력
4. [마이페이지]에서 AI면접 실시

※ 무료 쿠폰으로 응시한 면접은 일부 제한된 리포트를 제공합니다.
※ 쿠폰은 등록 후 7일간 이용 가능합니다.

 WIN시대로 @ www.winsidaero.com **1600-3600** 평일 9~18시 (토 · 공휴일 휴무)

언택트 시대의 새로운 합격전략!

대기업·공기업·금융권

빅데이터 기반 온라인 모의고사

나만의 취약 유형 진단
맞춤형 핏 모의고사

25년간의 빅데이터 기반 수준별 맞춤 문제 제시

1회 무료 이용권 제공

| 맞춤형 | + | 실전형 | + | 약점분석 |

온라인 모의고사 무료 쿠폰

합격시대

인적성검사 핏 모의고사(50문항)	NCS 통합 모의고사
MKS - 00000 - 1A01A	PCI - 00000 - A21A0

(기간 : ~2023년 12월 31일)

NAVER
시대교육

WWW
온라인 모의고사(합격시대)
(www.sdedu.co.kr/pass_sidae_new)
홈페이지 접속

1회 무료 쿠폰
홈페이지 우측 상단
'쿠폰 입력하고 모의고사 받자'
클릭 → 쿠폰번호 등록

내강의실 → 모의고사
→ 합격시대 모의고사 클릭 후
응시하기

※ 온라인 모의고사의 경우, iOS/macOS 운영체제에서는 서비스되지 않습니다.
※ 본 쿠폰은 등록 후 30일간 이용 가능합니다.

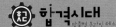
합격시대
맞춤형 온라인 테스트

www.sdedu.co.kr/pass_sidae_new

1600-3600 평일 9~18시 (토·공휴일 휴무)